Abriendo Las Ventanas De Bendición

KAY ARTHUR
PETE DELACY
BOB VEREEN

MINISTERIOS
PRECEPTO
INTERNACIONAL

Excepto donde así se indique, las citas bíblicas incluidas en este libro son de la Nueva Biblia Latinoamericana de Hoy.
Copyright © 2005 by The Lockman Foundation Usadas con permiso. www.nblh.org

Excepto donde se indique, todos los mapas y cuadros en este libro, al igual que la sección de "Cómo Empezar" en la introducción, han sido adaptados y condensados de la *Biblia de Estudio Inductivo* © 2005

ABRIENDO LAS VENTANAS DE BENDICIÓN

ISBN 978-1-62119-197-1

Copyright © 2014 reservados todos los derechos. Ninguna parte de esta publicación puede ser reproducida, almacenada en un sistema de recuperación, o transmitida en cualquier forma o por ningún medio - electrónico, mecánico, digital, fotocopia, grabación u otros- excepto para breves citas en revisiones impresas, sin el permiso previo del editor.

Precepto, Ministerios Precepto Internacional, Ministerios Precepto Internacional Especialistas en el Método de Estudio Inductivo, la Plomada, Precepto Sobre Precepto, Dentro y Fuera, ¡Más Dulce que el Chocolate! Galletas en el Estante de Abajo, Preceptos para la Vida, Preceptos de la Palabra de Dios y Ministerio Juvenil Transform son marcas registradas de Ministerios Precepto Internacional.

2014, Edición Estados Unidos

Contenido

Cómo empezar 5

HAGEO
Introducción 15

Primera Semana
   Mirando hacia el futuro 17

Segunda Semana
   ¿Mis circunstancias tienen
   algo que ver con mi conducta? 29

ZACARÍAS
Introducción 39

Primera Semana
   Yo habitaré entre ustedes 41

Segunda Semana
   Vestido con ropas de gala 47

Tercera Semana
   Mi casa no es una casa a medias 53

Cuarta Semana
   Bendiciendo a otros 59

Quinta Semana
   Tu Rey viene pronto 65

Sexta Semana
   La bendición de tener al Señor como Pastor 69

Séptima Semana
   Y me mirarán a mí, a quien han traspasado 73

Octava Semana
    Las naciones adorarán al Rey 79

MALAQUÍAS
Introducción 87

Primera Semana
    La bendición de una ofrenda agradable 89

Segunda Semana
    La bendición de mantener el pacto 97

Tercera Semana
    La bendición que está por venir 105

    Notas 111

Cómo Empezar...

Seamos honestos, la mayoría de nosotros pensamos que las instrucciones están hechas para ser leídas sólo si no sabemos como continuar. Leer las instrucciones nos retrasa y nos impide llegar al asunto en cuestión. Lo entendemos. ¡Nos sentimos de la misma manera! Sin embargo, unas cortas instrucciones como las siguientes, son una parte integral de nuestro estudio y te ahorrarán tiempo y evitarán frustraciones; así que tómate unos pocos minutos y… ¡empieza bien!

PRIMERO
Hablemos de lo que necesitarás para poder hacer este estudio. Adicionalmente a este libro, requerirás de tres herramientas:
1. La Biblia (*la Nueva Biblia de Estudio Inductivo* es ideal para este tipo de estudio porque tiene el texto escrito en una sola columna, en un estilo de letra fácil de leer, papel de alta calidad, márgenes anchos e innumerables ayudas de estudio). De todas formas, sin importar el tipo de Biblia que escojas, ten en cuenta que se te pedirá que marques sus páginas. Si prefieres no marcar tu Biblia y tienes acceso a un programa de la Biblia en un computador, podrías imprimir el texto de Hageo, Zacarías y Malaquías y trabajar en esa impresión. O podrías fotocopiar el texto de estos libros o de tu Biblia y trabajar con aquella copia (te está permitido, *sólo* si es para tu uso personal).

2. Lápices de colores.

3. Un cuaderno, agenda o libreta de apuntes para trabajar en tus deberes y registrar tus observaciones o pensamientos. Registra tus pensamientos capítulo por capítulo, titulando cada nuevo capítulo (capítulo 1, capítulo 2 y así sucesivamente) mientras avanzas en el estudio.

SEGUNDO

Si estás haciendo este estudio con un formato de grupo y te das cuenta que no podrás realizarlo diariamente en alguna de las semanas de estudio, simplemente haz cuanto puedas. Realizar un poco, es mejor que no hacer nada. No seas una persona de todo o nada, cuando se trata de estudiar la Biblia.

Recuerda que cuando profundizas en la palabra de Dios, entras en una intensa guerra contra el diablo (nuestro enemigo). En Efesios 6 vemos que cada pieza de la armadura del cristiano, se relaciona con la Palabra de Dios. Nuestra mayor arma ofensiva es la espada del Espíritu, que Efesios nos dice, es la Palabra de Dios. Satanás quiere que pelees con una espada lenta y desafilada. ¡No le ayudes! ¡No tienes que hacerlo! Reconoce que esto es guerra.

A medida que estudies Hageo, Zacarías y Malaquías, se te darán instrucciones específicas para cada día. Cada tarea tomará entre 15 y 20 minutos, dependiendo de qué estés viendo diariamente. Aunque tendrás estas instrucciones específicas, hay algunas cosas básicas que necesitas saber, hacer y recordar a medida que avanzas en los libros, capítulo por capítulo. Así que revisemos esto juntos.

1. A medida que lees cada capítulo, entrénate en hacer las preguntas: quién, qué, cómo, cuándo, dónde y por qué. Hacer preguntas como éstas, te ayuda a ver exactamente qué es lo que la Palabra de Dios está diciendo. Cuando interrogas el texto con estas preguntas, harás algunas así:

a. ¿Acerca de **qué** es este capítulo?

b. ¿**Quiénes** son los personajes principales del capítulo?
c. ¿**Cuándo** sucedió este evento o enseñanza?
d. ¿**Dónde** sucedió esto?
e. ¿**Por qué** se dijo o se hizo esto?
f. ¿**Cómo** sucedió esto?

2. Las referencias de tiempo que nos indican el "cuando" de los eventos y enseñanzas, son muy importantes y deberían ser marcadas en una forma fácilmente reconocible en tu Biblia. Sugerimos hacerlo con un círculo (como el mostrado aquí) ◯ en el margen de tu Biblia, junto al versículo donde se encuentra la frase de tiempo. Tal vez prefieras dibujar el círculo sobre la palabra o frase de tiempo, o simplemente subrayar o colorear las referencias de tiempo en un color específico.

Recuerda, el tiempo o sucesión cronológica puede ser expresado en diferentes maneras: mencionando un tiempo específico, día, mes o año, o mencionando un evento específico que te ubica en el tiempo, como un banquete, el año de reinado de un rey, etc. El tiempo también podrá expresarse con palabras como *entonces, cuando, después de, en este tiempo*, etc.

3. Hay palabras clave que querrás codificar con un color particular en el texto de tu Biblia a lo largo del estudio. Esta es la razón de utilizar lápices de colores o bolígrafos de colores. Desarrollar el hábito de marcar tu Biblia de esta manera, hará una diferencia significativa en la efectividad de tu estudio y en cuánto puedes recordar.

Una **palabra clave** es una palabra importante usada repetidamente por el autor para transmitir su mensaje al lector. De la misma manera en que una llave abre la cerradura de una puerta, las palabras clave revelan el significado de un texto. Ciertas palabras o frases clave aparecerán a través de todo el libro, como un todo, mientras otras estarán concentradas en ciertos capítulos o segmentos del libro.

Cuando marcas una palabra, según tu lista de colores, asegúrate de marcar sus sinónimos de la misma forma en que marcaste la palabra clave (recuerda que un sinónimo es una palabra que tiene el mismo significado en el mismo contexto de la palabra clave que estás marcando). También marca pronombres que se refieren a la palabra clave, de la misma manera en que estás marcando esa palabra (*él, de él, ella, de ella, eso, nosotros, nuestro, tuyo, ellos, de ellos*).

Marcar palabras clave te permite identificar esa palabra y de este modo el sentido del texto, fácilmente. Puedes marcar palabras usando colores, símbolos o una combinación de ambos. En todo caso, los colores son más fáciles de identificar que los símbolos cuando miras el texto en tu Biblia. Si usas símbolos, trata de hacerlos muy sencillos. Por ejemplo, marcamos la palabra *maldición* con una nube color café, y marcamos la palabra *pacto* con rojo.

Los colores atraen rápidamente tu atención a la palabra y te entrenan a reconocerla. Un símbolo comunica el significado de la palabra. Podría parecerte un poco infantil el marcar las palabras de esta forma, pero si vas más allá de ese sentimiento y cultivas el hábito de marcar palabras clave en tu Biblia de una manera distintiva y fácil de recordar, notarás una diferencia muy significativa en tu habilidad para retener lo que estudias.

Permite que te demos otro ejemplo de cómo marcar las palabras. Si quieres marcar una referencia en particular a la Trinidad, puedes usar el color amarillo para los tres y luego distinguir entre el Padre, el Hijo y el Espíritu Santo; puedes dibujar un símbolo distintivo para cada uno de los tres con color púrpura. También puedes usar un triángulo como éste: **Dios**, para marcar Dios, marca el Hijo con un triángulo añadiendo una cruz, de esta forma: **Jesús**, y marcar el Espíritu Santo, con un triángulo añadiendo una nube, así: **Espíritu**.

Deberías inventar una lista de colores para marcar las palabras clave a través de la Biblia, de manera que cuando después mires las páginas, tu ojo sea atraído hacia las palabras clave que has marcado. Una vez que empiezas a marcar las palabras clave, de acuerdo a tu lista de colores, resulta fácil olvidar qué símbolos o colores estás usando para identificar una palabra en particular. Tal vez quieras usar una tarjeta índice, para anotar en ella las palabras clave. Marca las palabras de la forma en que planeas hacerlo en tu Biblia y luego usa la tarjeta como un separador de libros. Tal vez quieras hacer un separador de libros para anotar las palabras marcadas reiteradamente a través de tu Biblia y uno diferente para cada libro específico a medida que vayas estudiando.

En este curso de estudio, cuando se te instruya marcar una palabra o frase clave, se te dará la traducción de esa palabra o frase en la versión de la Nueva Biblia Latinoamericana de Hoy. Sin embargo, puesto que otras traducciones podrían traducir una palabra o frase en particular del hebreo o griego al español de manera diferente que la versión de la Nueva Biblia Latinoamericana de Hoy, los equivalentes de la versión Reina-Valera de 1960 y de la Nueva Versión Internacional, han sido incluidos en la sección de notas al final de este libro.

4. Puesto que los lugares geográficos son muy importantes cuando se estudia un libro histórico o biográfico de la Biblia, también querrás marcarlos en una forma llamativa. Sugerimos subrayar cada referencia a lugar con doble línea en color verde (¡el césped y los árboles son verdes!).

También ayuda mucho revisar los lugares geográficos en un mapa para obtener la perspectiva correcta de dónde están ocurriendo las cosas, en relación con otras. Usar mapas de esta forma, te dará el contexto geográfico. Si tienes una *Biblia de Estudio Inductivo*, encontrarás los mapas necesarios para determinados pasajes, incluidos dentro del texto, para una rápida consulta. Los mapas han sido incluidos para que puedas saber en qué parte del mundo sucedieron esas cosas.

5. Cada día, cuando termines la lección, medita en lo que has visto y pregunta a tu Padre en el cielo, cómo deberías vivir, tomando en cuenta las verdades que acabas de ver. Habrá ocasiones, dependiendo de cómo Dios te ha hablado, en que desearás registrar esas "Lecciones de Vida" (LDV) en el margen de tu Biblia, junto a los versículos que contienen la verdad que estás aplicando a tu vida. Escribe LDV en el margen de tu Biblia y luego, tan brevemente como te sea posible, escribe a continuación la lección de vida que quieres recordar.

6. Siempre empieza tu estudio con una oración. A medida que cumples tu parte de manejar la Palabra de Dios de manera exacta y minuciosa, recuerda que la Biblia es un libro divinamente inspirado. Las palabras que estás leyendo son verdad, dadas a ti por Dios, para que puedas conocerle a Él y Sus caminos. Estas verdades son reveladas de forma divina.

> Pero Dios nos las reveló a nosotros por el Espíritu; porque el Espíritu todo lo escudriña, aún lo profundo de Dios. Porque ¿quién de los hombres sabe las cosas del hombre, sino el espíritu del hombre que está en él? Así tampoco nadie conoció las cosas de Dios, sino el Espíritu de Dios. (1 Corintios 2:10,11).

Por esto, pídele a Dios que te revele Su verdad, que te conduzca y te guíe a toda la verdad. Él lo hará si tú se lo pides.

TERCERO.
    Este estudio está diseñado para animarte a pasar tiempo en la Palabra de Dios a *diario*. Puesto que el hombre no solo vive de pan, sino de toda palabra de sale de la boca de Dios, cada uno de nosotros necesita diariamente la ayuda de la verdad.
    Las tareas semanales cubren los siete días; sin embargo, el séptimo día es diferente de los otros días. En el séptimo día, el enfoque está en una o varias verdades principales cubiertas en esa semana de estudio. Encontrarás un versículo o dos para memorizar y Guarda en tu corazón. Luego encontrarás un pasaje para Leer y Discutir. Esta sección será extremadamente provechosa para aquellos que utilizan este material en una clase, ya que esto hará que los estudiantes enfoquen su atención en una porción exacta de la Escritura. Para ayudar al individuo o a la clase, hay una serie de Preguntas para Discusión o Estudio Individual. Esta sección está seguida del Pensamiento de la Semana, que te ayudará a entender cómo caminar a la luz de lo que acabas de aprender.
    Cuando se discute cada lección semanal, asegúrate que las respuestas y apreciaciones estén respaldadas en la Biblia, en lugar de ser tan solo una opinión o consejo. Usa la Escritura en su contexto para respaldar tus respuestas, desarrolla el hábito de "usar la Palabra acuciosamente". Siempre examina tus apreciaciones observando cuidadosamente el texto para ver qué dice. Entonces, antes de decidir el *significado* de la Escritura o de un pasaje, asegúrate de interpretarlo a la luz de su contexto.
    La Escritura nunca contradice a la Escritura. Si alguna vez pareciera ser contradictoria, puedes estar seguro que algo, en alguna parte está siendo sacado de su contexto. Por esto, cuando vengas a un pasaje que es difícil de manejar, reserva tus interpretaciones para cuando puedas estudiar el pasaje con mayor profundidad.

Los libros de la Nueva Serie de Estudio Inductivo son cursos generales. Si deseas hacer un estudio más profundo de un libro de la Biblia en particular, te sugerimos utilizar el curso de estudio de Precepto sobre Precepto en ese libro. Mayor información sobre los estudios bíblicos de Precepto sobre Precepto y dónde están siendo enseñados, puede ser obtenida contactando a Ministerios Precepto Internacional al 800-763-8280, visitando nuestra página web www.precept.org, o a través de la oficina de Precepto en tu país.

Bueno, leer las indicaciones no fue tan malo, ¿verdad? Ahora estás libre para empezar. Recuerda que el premio no se otorga a quienes no terminan el curso... así que "¡mantente firme!"

HAGEO

Introducción a Hageo

"Obediencia" es una palabra que no se encuentra en el vocabulario de muchas personas hoy en día. Aún así, es la clave para la bendición. Cuando Dios dio Sus mandamientos, estatutos y decretos a Su pueblo, Él tenía un objetivo - ¡Que los obedecieran! Estos fueron dados para el bien del pueblo.

Entre esos mandamientos había estatutos relacionados con el día de Reposo. Dios instruyó a los hijos de Israel a través de Moisés para que observaran el Sabat, una vez que ellos entraran en la tierra que Él había planeado darles. Durante seis años la gente sembraba los campos, podaba los viñedos y recogía las cosechas, pero durante el séptimo año, les fue ordenado que dejaran descansar la tierra – el Sabat para el Señor (Levítico 25:1-7).

Dios les advirtió que si escogían no obedecer, Él los castigaría siete veces por sus pecados, dejaría en ruinas sus ciudades, desolaría sus santuarios, los esparciría entre las naciones y desenvainaría la espada en pos de ellos (Levítico 26: 27-35).

Si ellos desobedecían, Él los castigaría hasta que la tierra disfrutara sus Sabats (reposos). Al mismo tiempo, Dios prometió que si ellos se humillaban ante Él, confesaban su iniquidad y enmendaban sus caminos, Él recordaría Su pacto con ellos y no los rechazaría ni destruiría (Levítico 26:40-46).

Moisés fue fiel en declarar estas palabras a los hijos de Israel. Así que ellos sabían qué hacer, cómo hacerlo, y cuándo hacerlo. Pero ellos ignoraron las palabras que Dios había dicho. Entonces el Señor envió profeta tras profeta para recordarles lo que Él había dicho, pero escogieron no escuchar a Sus enviados. Por esto, Dios solo tenía una opción – castigarlos por su propio bien, porque la bendición nunca vendría sin la obediencia.

¿Te das cuenta de porque Dios es Dios, porque Él nunca cambia, Él trata con nosotros hoy en día de la misma forma como trató con los hijos de Israel? Nosotros tenemos Su Palabra – la Biblia. Nosotros *podemos* saber qué es lo que Dios desea que hagamos y cómo debemos de vivir para que Él pueda abrir las ventanas de los cielos y derramar Sus Bendiciones sobre nosotros. Ningún libro en la Biblia ilustra la recompensa de la obediencia y el castigo a la desobediencia de una manera tan profunda y poderosa como el libro de Hageo.

PRIMERA SEMANA

Esperando el Futuro

Con toda seguridad, habrás escuchado de la maravillosa promesa que Dios le dio a Israel y a Judá en Jeremías 29:11 y habrás deseado abrazarla como tuya: "Porque yo sé los planes que tengo para ustedes", declara el Señor, "planes de bienestar y no de calamidad, para darles un futuro y una esperanza."
 ¿Se aplica a ti?
 ¿Tiene Dios un plan para tu vida?
 ¿Quiere Dios lo mejor para ti?
 ¿Quiere Dios darte un futuro y una esperanza?
 Si es así, ¿cuál es tu rol en esta promesa y cómo afecta esto a Sus mayores deseos para ti?

PRIMER DÍA

Tener una buena comprensión del trasfondo histórico del libro de Hageo es crítico para comprender los mensajes que este enviado de Dios declaró a los desalentados exiliados de Judá. También te ayudará en tu estudio de Zacarías y Malaquías. Sin embargo, antes de empezar a establecer un trasfondo histórico, lee este pequeño libro para obtener el sentido de lo que se trata todo esto.
 Ahora, presta atención al primer versículo del capítulo uno. Usando color verde, subraya la frase de tiempo que se encuentra al principio de este versículo, incluyendo el año, el día y el mes.

Dos preguntas a considerar en este momento son: ¿Por qué supones que Dios revela fechas? Y, ¿qué resulta significativo acerca de la fecha dada en el versículo 1? ¿El cuadro de Los Gobernadores y Profetas en el tiempo de Hageo que sigue a continuación te da alguna pista de la respuesta a la primera pregunta?

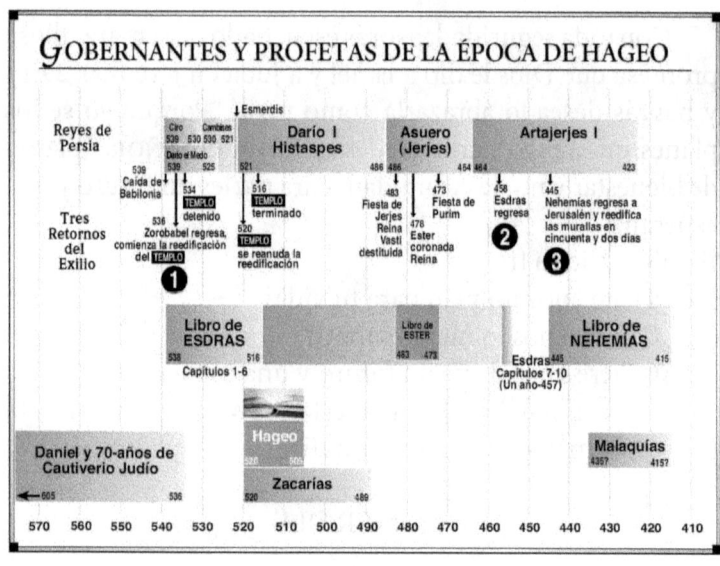

Veamos, encuentra "Darío I Histaspes" en el cuadro de Los Gobernadores y Profetas en el tiempo de Hageo y registra las fechas en que reinó:

Darío I Histaspes reinó desde _____ hasta _____ a.C.

Ahora, mira el cuadro y registra las fechas del ministerio de Hageo:

Hageo ministró desde _____ hasta _____ a.C.

Partiendo de esto, ¿qué puedes sacar en conclusión sobre "el segundo año de Darío el rey"? ¿Es el mismo año en que Hageo empezó su ministerio?

¿Qué tal si escribes "520 a.C." en el margen de tu Biblia, junto a Hageo 1:1 y registras la frase "Hageo empieza su ministerio" en el cuadro apropiado del cuadro Línea de Tiempo de la página 26-27? Este cuadro será usado a lo largo de toda la semana para desarrollar una cronología de los eventos que te ayudarán a ver el trasfondo histórico del libro de Hageo (si piensas que este cuadro es muy pequeño para registrar las respuestas, tal vez quieras hacer uno más grande en tu cuaderno de notas).

SEGUNDO DÍA

Hoy queremos responder la segunda pregunta. ¿Qué es significativo del 520 a.C. con respecto a lo que Dios dijo sobre los exiliados por medio de Hageo?

Para responder a esta pregunta, lee 2 Crónicas 36:9-23.

En la *Biblia de Estudio Inductivo (BEI)*, 597 a.C. está escrito en el margen junto a los versículos 9 al 11, 586 a.C. está escrito junto al versículo 18, y 538 a.C. junto al versículo 22. Si no tienes esta valiosa herramienta que te ahorra tiempo, escribe estas fechas en los márgenes de tu Biblia para mostrar la cronología de los eventos correspondientes.

A medida que lees estos versículos, registra los hechos importantes que aprendes de los reyes Joaquín y Sedequías, el pueblo de Dios (Israel) y el templo (la casa del Señor) en el cuadro la Línea de Tiempo (página 26-27) bajo la fecha apropiada.

TERCER DÍA

Ahora lee Esdras 1:1-3 y nota cuán similares son estos versos con 2 Crónicas 36:22, 23.

Algunos historiadores creen que Ciro conquistó Babilonia en octubre del 539 a.C. Si esto es verdad, "el primer año de Ciro, el rey de Persia" fue desde octubre del 539 a.C. hasta septiembre del 538 a.C. Estos estudiosos también creen que Ciro escribió su proclamación en los primeros meses del 538 a.C. (el CALENDARIO JUDÍO a continuación nos muestra que el primer mes del calendario hebreo corresponde a nuestros meses de marzo-abril). De acuerdo a esto, escribe 538 a.C. en el margen junto a Esdras 1:1 para ayudarte a ver la cronología.

El Calendario Judío			
En la actualidad todavía se emplean los nombres Babilónicos (B) para los meses en el calendario Judío. Se emplearon los nombres Cananeos (C) antes del cautiverio Babilónico en 586 a.C. Se mencionan cuatro de ellos en el Antiguo Testamento. **Adar-sení** es un mes intercalado cada dos o tres años, o siete veces en 19 años.			
Mes 1	Mes 2	Mes 3	Mes 4
Nisán (B) Abib (C) Marzo-Abril	Ijar (B) Ziv (C) Abril-Mayo	Sivan (B) Mayo-Junio	Tammuz (B) Junio-Julio
Mes 7	*Mes 8*	*Mes 9*	*Mes 10*
Mes 5	Mes 6	Mes 7	Mes 8
Ab (B) Julio-Agosto	Elul (B) Agosto-Septiembre	Tisri (B) Etanim (C) Septiembre-Octubre	Maresván (B) Bul (C) Octubre-Noviembre
Mes 11	*Mes 12*	*Mes 1*	*Mes 2*
Mes 9	Mes 10	Mes 11	Mes 12
Quisleu (B) Noviembre-Diciembre	Tebeth (B) Diciembre-Enero	Shebat (B) Enero-Febrero	Adar (B) Febrero-Marzo
Mes 3	*Mes 4*	*Mes 5*	*Mes 6*
El calendario sagrado aparece en negro • El calendario civil aparece en gris			

Ahora registra la información adicional que encuentras en Esdras 1:3 en el cuadro la LÍNEA DE TIEMPO bajo la columna del 538 a.C.

Probablemente habrás notado que en Esdras y 2 Crónicas, una de las profecías de Jeremías es mencionada. ¿Qué dice?

Lee Jeremías 25:1-12. Mantén en mente que la profecía de Jeremías 25 fue dada en el 605 a.C. – antes del reinado de Joaquín y Sedequías y justo antes que Israel fuera llevado cautivo a Babilonia. Registra lo que aprendes, en la columna apropiada del cuadro la LÍNEA DE TIEMPO.

Ahora lee Jeremías 29:1-14. Esta profecía fue dada después del 586 a.C. – cuando el pueblo de Israel estaba exiliado en Babilonia restituyendo a Dios los días de reposo que debían a la tierra. Registra tus observaciones en el cuadro de Línea del Tiempo bajo esta fecha.

CUARTO DÍA

Hoy, lee Isaías 44:28 – 45:7 y nota lo que el profeta Isaías declaró acerca del rey llamado Ciro, al menos 100 años antes de su nacimiento.

Revisa una vez más el cuadro los Gobernantes y Profetas del Tiempo de Hageo en la página 18 para ver cuándo Ciro y Darío el Medo conquistaron Babilonia.

Ahora lee Esdras 1 para aprender qué hizo Ciro y para ver cómo respondió el pueblo. Registra las verdades más importantes del capítulo 1 en tu cuadro de Línea del Tiempo bajo el 538 a.C.

Esdras 2 incluye una lista del primer grupo de personas guiadas por Zorobabel y Josué (Jesúa) "quienes subieron del cautiverio, de los exiliados" (2:1) y regresaron a Jerusalén a reconstruir el templo. Observa el cuadro de los Gobernantes y Profetas del Tiempo de Hageo para descubrir la fecha en que regresaron. Registra este hecho en el cuadro de la Línea de Tiempo bajo esta fecha.

Si tienes tiempo para leer el capítulo completo, sería una buena idea que lo hicieras. Si no, por lo menos lee Esdras 2:64, que te da la cantidad total de los que retornaron. Suma el número total de las personas que regresaron. Registra este número en tu cuadro.

¿Cuánto tiempo le tomó al primer grupo de exiliados regresar a Jerusalén desde Babilonia? La Biblia no lo dice. Sin embargo, lee Esdras 7:8,9 para ver cuánto tiempo le tomó al segundo grupo de exiliados bajo el mando de Esdras, realizar este mismo viaje. ¿Crees que le hubiera tomado a Zorobabel y Josué aproximadamente la misma cantidad de tiempo que le tomó a Esdras? Registra también esto en tu cuadro de Línea de Tiempo bajo el 536 a.C.

Finalmente, lee Esdras 3:1 y nota dónde fueron "los hijos de Israel" cuando recién llegaron a la tierra y dónde se reunieron luego en el séptimo mes. Ahora, de acuerdo a lo que recién has aprendido en Esdras 1, ¿dónde debían ir y qué debían hacer? ¿Lo hicieron inmediatamente?

QUINTO DÍA

Lee Esdras 3:2-9 para descubrir qué hicieron los exiliados una vez que se reunieron en Jerusalén. Registra estas observaciones en la columna del 536 a.C. en el cuadro de Línea de Tiempo.

También, mira el cuadro los Gobernadores y Profetas del Tiempo de Hageo en la página 18 para localizar el año en que el pueblo "empezó a trabajar" en el templo. Tal vez quieras registrar esta fecha en el margen de tu Biblia, junto al versículo 8.

Ahora lee Esdras 3:10-13 y registra el resumen de estos eventos en el cuadro de Línea de Tiempo.

SEXTO DÍA

Lee Esdras 4:1-5 y registra lo que aprendes en el cuadro de Línea de Tiempo.

Esdras 4:6-23 es un paréntesis. Estos versos nos dicen cuánto tiempo "la gente de la tierra" trató de desanimar a "la gente del exilio". Ellos lo intentaron durante "todos los días de Ciro, rey de Persia, aún hasta el reinado de Darío rey de Persia" (versículo 5). Luego continuaron durante "el reinado de Asuero" (versículo 6) y "los días de Artajerjes" (versículos 7-23).

Ahora lee Esdras 4:24. Antes de registrar algo en el cuadro, mira nuevamente el cuadro los Gobernantes y Profetas del Tiempo de Hageo para ver cuándo se detuvo el trabajo en el templo. Registra esta fecha en el cuadro y en el margen de tu Biblia junto al versículo 2:4 de Esdras.

Ahora, en tu tarea final en Esdras – estableciendo el trasfondo histórico para tus estudios en Hageo, Zacarías y Malaquías - lee Esdras 5:1,2. Registra en tu cuadro lo que acabas de aprender sobre el templo. Una vez más, mira el cuadro de los Gobernantes y Profetas en el Tiempo de Hageo para localizar la fecha cuando el pueblo "empezó a reconstruir la casa de Dios".

¡Fantástico!, has terminado un buen trabajo. Ahora tienes un bosquejo del panorama del trasfondo histórico del pueblo de Dios entre el 605 y el 520 a.C. El templo había estado desolado por unos 14 años – desde el 534 al 520 a.C. – cuando Dios levantó a los profetas Hageo y Zacarías para hablar a Sus líderes y a Su pueblo. ¿Qué dijo Dios? Las siguientes semanas estaremos observando los mensajes declarados por estos profetas.

SÉPTIMO DÍA

Guarda en tu corazón: Jeremías 29:11.
Lee y discute: Jeremías 25:8-12; 29:5-11; Esdras 1:1-11; 3:1 – 4:5; 5:1,2.

Preguntas para la Discusión o Estudio Iindividual

- Usando el cuadro de Línea de Tiempo como guía, ¿cuáles fueron los eventos principales de cada fecha y en qué pasajes fueron descubiertas estas verdades?

- ¿Por qué castigó Dios a los hijos de Israel? ¿Qué fue lo que hicieron? ¿Qué fue lo que hicieron sus reyes?

- ¿Cuánto tiempo duró su castigo? ¿Su cautiverio duró tanto como dijo Dios que duraría? Explica tu respuesta.

- ¿Qué hizo Dios cuando el castigo terminó? ¿Con qué anticipación hizo Dios Sus planes para acabar con el cautiverio?

- ¿Cuántos exiliados retornaron? ¿Qué llevaron consigo cuando retornaron? ¿De dónde vinieron los recursos para pagar la reconstrucción del templo?

- Cuando los exiliados se reunieron en Jerusalén, ¿Qué hicieron? ¿Por qué se reunieron en Jerusalén en ese mes específico? ¿Qué se estaba celebrando?

- ¿Cómo respondieron los enemigos en la tierra frente a la reconstrucción del templo que estaban haciendo? ¿Qué sucedió poco tiempo después que ellos empezaron?

- ¿Qué papel jugó Hageo y Zacarías en la construcción del templo?

- ¿Qué aprendiste sobre Dios en tu estudio de esta semana? ¿Qué apreciaciones, si acaso las hubiera, obtuviste sobre Su carácter y Sus caminos?

- ¿Obtuviste alguna apreciación sobre las consecuencias de la desobediencia? ¿Y sobre las bendiciones de la obediencia?

Pensamiento para la Semana

Dios declaró con cientos de años de anticipación que Él levantaría a un rey que conquistaría la nación de Israel, los llevaría a cautiverio y los mantendría así por un tiempo determinado. Él también declaró que un rey nacería para liberar a Sus escogidos y los liberaría del cautiverio. Dios cumplió Su palabra – ambos eventos están ahora registrados en Su libro histórico, la Biblia.

Dios hizo lo que Él había dicho que iba a hacer. Pero Su bendición era condicional – basada en la obediencia de Su pueblo.

Resulta tan fácil desanimarse, estremecerse y frustrarse. Nosotros no debemos desviarnos con proyectos personales, negocios riesgosos, relaciones, finanzas, recreación, etc. Es fácil que nuestra atención se distraiga hacia mil otras cosas que necesitan ser hechas. Frecuentemente perdemos el enfoque y abandonamos nuestra meta más alta – conocer a Dios y vivir de acuerdo a Él.

Su deseo y sus caminos son claros para nosotros cuando el estudiar Su palabra es nuestra primera prioridad. Escoger estudiar la Biblia es el primer acto de obediencia.

¡Felicitaciones! Has hecho tu mejor elección – una que agrada a Dios y le da gloria, ya que te da la verdadera apreciación de quién es Él.

LÍNEA DE TIEMPO

605 a.C.

597 a.C.

586 a.C.

538 a.C.

536 a.C.

534 a.C.

520 a.C.

¿Mis Circunstancias Tienen Algo que Ver con Mi Conducta?

¿Alguna vez has pasado por una sequía en tu vida espiritual, tu matrimonio, tu trabajo o tus relaciones?

¿Has estado apretado económicamente? Tratas de ser conservador, tratas de controlar tus gastos, pero tu sueldo tan solo parece desaparecer en el aire. Y el dinero que creías tener, ¡ya no está ahí cuando lo necesitas!

¿Alguna vez has invertido tiempo, energía y esfuerzo en algo que produjo menos resultados de los que tú esperabas?

¿Qué hace que esto suceda? ¿Les ocurre esto también a los creyentes?

Hageo desafió al pueblo de sus días, que estaba experimentando estas circunstancias, a "considerar sus caminos" – a pensar en lo que estaban haciendo.

¿Existe una relación entre la conducta y las circunstancias?

Hageo responde esta pregunta. Escudriñemos el texto de este pequeño. ¡pero tan práctico libro!

PRIMER DÍA

La semana pasada leíste el libro de Hageo para tener un panorama general de lo que se trata en este libro. Marcaste la frase de tiempo que está en el 1:1. Hoy, lee Hageo y marca de igual forma cualquier otra frase de tiempo que incluya días, meses y años específicos.

Lee nuevamente Hageo. Esta vez, usa otro color que no sea el verde y dibuja una línea ondulada subrayando cualquier frase que se refiera a la Palabra del Señor dada al profeta Hageo o que Hageo haya dicho por encargo del Señor.

Revisa estas frases marcadas y verás que Dios habló a Hageo en cinco ocasiones diferentes. En tus notas, enumera estas cinco veces. Registra el día, el mes y luego el año si se menciona.

Ahora mira el CALENDARIO JUDÍO en la página 20. Nota la estación del año en que cada mensaje fue dado a esta comunidad agrícola. Escribe en tus notas los nombres de los meses junto a cada fecha.

SEGUNDO DÍA

Hoy veremos el primer mensaje que Dios le dio a Hageo para que lo proclamara. Lee Hageo 1:1-11 y marca cada una de estas palabras clave: *pueblo, la casa del SEÑOR, el SEÑOR de los ejércitos y consideren*[1]. Haz una lista de estas palabras clave en el cuadro PANORAMA GENERAL DE HAGEO en la página 36 (recuerda, en las instrucciones dadas en "Cómo comenzar", te sugerimos que hicieras listas de las palabras clave en la tarjeta que se encuentra al final de este libro; marca cada una de manera distinta usando un color y/o símbolo diferente y luego lleva tu separador de libros de un lado a otro en el libro que estés estudiando).

Ahora lee los primeros dos versículos del capítulo 1 otra vez y registra en tus notas a quién está dirigida la primera parte de este mensaje y qué le dijo Dios a ellos a través del profeta Hageo.

Lee 1:3, 4 y registra en tus notas a quién está dirigida la segunda parte de este mensaje.

¿Qué cargos tiene Dios en contra de este pueblo?

Para relacionar las enseñanzas de Esdras y Hageo, revisa Esdras 3:7, 8 y responde las siguientes preguntas:

- ¿Qué material compraron los hijos de Israel para reconstruir el templo? ¿De dónde era?

- Según los primeros cuatro versículos de Hageo, ¿para qué parecía que usaba el pueblo la madera?

- ¿Qué comparación ves entre las casas del pueblo y la casa de Dios?

TERCER DÍA

Lee Hageo 1:5-11 una vez más y haz una lista en tus notas de LO QUE HIZO EL PUEBLO. Relaciona lo que se está diciendo con el tiempo en que el mensaje fue dado.

Haz otra lista en tus notas titulada MI DIARIO ACERCA DE DIOS. De estos 11 versículos, enumera las cosas que Dios hizo y las verdades que has aprendido sobre Él – lo que ha ordenado y revelado. Luego, haz una lista de cómo respondió Su pueblo y las excusas que dio (deja espacio al final para agregar las verdades de los mensajes que siguen).

Registra el tema principal de este primer mensaje en el lugar correspondiente en el cuadro PANORAMA GENERAL DE HAGEO en la página 36. Tómate un momento para aplicar lo que has aprendido a tu propia vida. ¿Cómo se relaciona lo que has aprendido de Hageo sobre Dios y Su pueblo con tus circunstancias actuales – tu trabajo, finanzas, matrimonio y tu andar con Él? Registra estos pensamientos en tus notas. Escribirlas hará que estas verdades se graben en tu banco de memoria, de donde podrás recordarlos en tiempos de necesidad.

CUARTO DÍA

Hoy, lee Hageo 1:12-15 y marca las palabras clave como lo hiciste antes.

Haz una lista en tus notas sobre a quién es dado el mensaje y qué dice. Registra lo que hizo el pueblo, cuándo lo hicieron y como respondió Dios. Agrega cualquier nueva observación a la lista del Pueblo y a tu Diario Acerca de Dios.
Registra el tema principal de este mensaje en el cuadro Panorama General de Hageo.

QUINTO DÍA

De acuerdo a tu estudio de la semana anterior de Esdras 4:1-5, podrás recordar que "...el pueblo de la tierra se puso a *desanimar* al pueblo de Judá y a *atemorizarlos* para que dejaran de edificar. Tomaron a sueldo consejeros en contra de ellos para *frustrar* sus propósitos..." (énfasis añadido). Con esto en mente, lee Hageo 2:1-9, marca las palabras clave, incluyendo las palabras *temblar* y *esfuérzate*[2]. Registra en tus notas para quién estaba escrito el mensaje, cuándo fue dado y sus puntos principales.

Continúa agregando información a la lista que hiciste.

Agrega el pensamiento principal de este mensaje al cuadro Panorama General de Hageo.

Una vez más, piensa en cómo pueden aplicarse a tu vida estas verdades que has aprendido en este mensaje sobre Dios y Su pueblo.

SEXTO DÍA

Lee Hageo 2:10-19 y marca tus palabras clave. Registra tus observaciones en tus notas como hiciste ayer. No olvides agregar información a tu lista del Pueblo, el Diario Acerca de Dios y al cuadro Panorama General de Hageo.

Para concluir este estudio, lee Hageo 2:20-23. Marca y registra lo que encuentres, como lo has hecho con los cuatro mensajes anteriores.

Revisa todas tus notas, los temas de los párrafos de los cinco mensajes y tu Diario Acerca de Dios para determinar cuál es el tema general de Hageo. Registra esto en el cuadro Panorama General de Hageo. Llena cualquier otra información requerida para completar el cuadro.

SÉPTIMO DÍA

Guarda en tu corazón: Hageo 1:8.
Lee y discute: Hageo 1-2.

Preguntas para la Discusión o Estudio Iindividual

- ¿Qué le dijo Dios a Su pueblo que hiciera cuando regresaron a Jerusalén?

- ¿Qué hizo el pueblo del exilio, que disgustó a Dios?

- ¿Qué dijo Dios que Él estaba haciendo en respuesta a esa conducta?

- ¿Qué hizo el pueblo después que Hageo predicó la primera reprenda de Dios hacia ellos?

- ¿Cómo respondió Dios a su obediencia? ¿Qué les dijo? Compara esto con Esdras 4:1-4. ¿Cambiaron sus circunstancias debido a su cambio de conducta? Explica tu respuesta.

- ¿Qué comparación hizo Dios con el templo anterior? ¿Qué exhortaciones dio Dios a los constructores? ¿Qué promesas hizo Él con relación a Su templo?

- ¿Qué verdades aprendiste de la provisión de Dios para Su obra? ¿Cómo se aplica a nosotros hoy en día la manera como Dios trató con Israel? ¿Las circunstancias tienen algo que ver con la conducta?

- ¿Cómo se relaciona el reinado de cada uno de los sacerdotes, con las circunstancias y la conducta del pueblo de Israel? ¿Qué estaba Dios tratando de decir cuando usó el ejemplo de la acumulación de grano y de las tinas de vino? ¿Qué conclusiones hizo Dios con relación a las cosechas futuras? ¿Qué hizo que ellos prometieran que sus futuras circunstancias serían diferentes de las pasadas?

- ¿Qué aprendiste sobre Dios en tu estudio de Hageo? ¿Cómo se aplican estas verdades a tus circunstancias actuales? ¿Cómo se relacionan con tu conducta las circunstancias en que te encuentras?

Pensamiento para la Semana

El pueblo de Israel regresó a Jerusalén con la orden de reconstruir el templo de Dios. Sin embargo, en alguna parte del camino, ellos abandonaron la tarea y usaron todas sus energías en la construcción de sus habitaciones personales usando la madera comprada para la casa del Señor. Dios usó circunstancias devastadoras para corregir esa conducta irrespetuosa.

Mientras leemos acerca del día en que el templo físico de Dios estará lleno con las riquezas de las naciones y de la gloria de Dios, necesitamos recordar que hay otro templo que Dios quiere llenar con Su gloria hoy en día.

En 1 Corintios 3:16-17 leemos: "¿No saben que ustedes son templo de Dios y que el Espíritu de Dios habita en ustedes? Si alguno destruye el templo de Dios, Dios lo destruirá a él, porque el templo de Dios es santo y eso es lo que ustedes son".

1 Corintios 6:19-20 cita: "¿O no saben que su cuerpo es templo del Espíritu Santo que está en ustedes, el cual tienen de Dios, y que ustedes no se pertenecen a sí mismos? Porque han sido comprados por un precio. Por tanto, glorifiquen a Dios en su cuerpo y en su espíritu, los cuales son de Dios."

Nosotros somos el templo de Dios en el mundo actual. También somos responsables por nuestro desarrollo espiritual. Pablo usa un término de remodelación en Romanos 12:2 "Transfórmense mediante la renovación de su mente." Renovación significa quitar algo viejo y cambiarlo por algo nuevo. Para ponerlo de otra manera, mientras estudiamos la Palabra de Dios, el Espíritu Santo toma los viejos pensamientos sobre Dios (por ejemplo: que Él no existe) y los reemplaza con pensamientos correctos – verdades de acuerdo a Su Palabra.

No debemos poner nuestras energías en alcanzar solo cosas materiales en la vida – casas, carros, finanzas, recreación, vocación, pasatiempos, entretenimiento, etc. Tampoco debemos utilizar las cosas destinadas para los propósitos de Dios para nuestro beneficio personal y placer.

Deberíamos, en todo caso, revisar constantemente nuestras prioridades, estando seguros de no negarnos a las cosas de Dios que nos hacen más fuertes y nos edifican. De otro modo, estaremos desanimados, asustados o frustrados por los enemigos de Dios. Esa es la razón por la que deberíamos continuar haciendo del estudio de Su Palabra una prioridad.

PANORAMA GENERAL DE HAGEO

Tema de Hageo:

Autor:

Trasfondo Histórico:

Propósito:

Palabras Clave:

División por Secciones		Tema de los Párrafos	Tema de los Capítulos
	1:1-11		1
	1:12-15		
	2:1-9		2
	2:10-19		
	2:20-23		

Zacarías

Introducción a Zacarías

La vida está llena de muchas luchas, desavenencias y reveses. Algunas veces podría parecer muy duro seguir adelante. Pero aún en medio de nuestro más grande dolor, siempre podemos encontrar esperanza. ¡Qué bendición más grande es poder tener esperanza cuando alrededor tuyo hay muchos sin ella!

Cuando esperas en el Señor, tu esperanza está segura, un ancla que te sujeta en las tormentas de la vida. Él te llevará a través de ellas. Y el Señor promete bendiciones, no maldiciones.

Este era el mensaje que vino a Zacarías en un tiempo de desaliento y de temor que atormentaba a los exiliados, causándoles el vivir intimidados y en apatía, sin esperanza. Pero Dios es un Dios de esperanza. Él es el Dios que derrama bendiciones a aquellos que esperan en Él. Él es el Dios que mira y escucha y tiene compasión.

El Dios de Zacarías no cambia. Hoy en día, nos enfrentamos con terroristas que nos odian. El desaliento y temor nos asustan y tratan de quitarnos la esperanza y nos provocan vivir intimidados y en apatía. Pero tú, amado, si esperas en el Señor, tienes la promesa de bendición, no de maldición.

Dios siempre cumple sus promesas. Cuando Él nos da opciones y nos atribuye las consecuencias, Él hace lo que dijo que haría. Cuando Él hace un pacto, Él no lo quebranta. Antes que el pueblo de Israel entrara a la tierra que Dios les había prometido, esta verdad fue declarada:

Dios no es hombre para que mienta,
Ni hijo de un hombre para que se arrepienta,

> ¿Lo ha dicho Él y no lo hará?
> ¿ha hablado y no lo cumplirá? (Números 23:19)

Dios ha cumplido sus promesas a Israel y Judá, pero ellos han fallado en considerar sus advertencias dadas a través de los profetas. Ellos han hecho su elección, así que Dios envió a Judá al cautiverio en Babilonia, permitiendo que su ciudad santa, Jerusalén y su templo sagrado, construido por Salomón, fueran destruidos. Pero Dios mantuvo Su promesa otra vez y eventualmente permitió que ellos regresaran.

Esdras y Nehemías hablan del regreso de los judíos desde el exilio y de su reconstrucción del templo, así como del rol de Hageo y Zacarías en movilizar y apoyar la reconstrucción del templo. Dios fue fiel en mantener Su promesa y el templo del Señor fue reconstruido en Jerusalén, con sus sacerdotes ministrando el sistema de sacrificios en favor del pueblo. Aún así, el templo y la ciudad perdieron su gloria anterior.

Pero Dios aún no había terminado. Él envió a Sus profetas para animar a Su pueblo, para mostrarles su futuro, para darles una razón para esperar, para perseverar, para mantenerse. Dios tenía nuevas bendiciones que estaba preparando para distribuirlas entre Su pueblo.

El mensaje de Zacarías contiene promesas que Dios todavía no ha completado, pero nosotros confiamos que Él las cumplirá, porque Él ha cumplido todas las demás que Él ha hecho – a Israel, a Judá y a nosotros.

La palabra de Dios para los desanimados en el tiempo de Zacarías, fue una palabra muy necesaria, una palabra de ánimo... una palabra de esperanza para el futuro. Deja que esta palabra sea así para ti también. Descansa en la seguridad de que Dios cumple Sus promesas y Su mensaje en Zacarías es un mensaje para ti... de esperanza en el futuro, de ánimo para seguir adelante, de bendiciones que Dios desea darte.

PRIMERA SEMANA

Yo Habitaré en Medio de Ustedes

Como habitó Dios con Israel en el tabernáculo y en el templo de Salomón, Él ahora habita en el interior de cada creyente, a través del Espíritu Santo. ¡Qué increíble es tener este Dios! Conocer esta maravillosa verdad, debería tener un profundo efecto en la manera en que vivimos nuestras vidas.

PRIMER DÍA

Cuando estudias la Biblia, entender el trasfondo histórico de un pasaje, es muy importante para comprender su mensaje. Así como la profecía del Antiguo Testamento no puede estar separada de la historia del Antiguo Testamento, el entender cómo encaja el libro profético en la línea de tiempo histórica del Antiguo Testamento resulta vital. Marca las referencias a tiempo en Zacarías 1:1-7. De acuerdo a nuestro calendario moderno, el segundo año del reinado de Darío fue en el 520 a.C. y el templo fue completado en el 516 a.C.

Ahora lee Hageo 1:1, 15 y 2:1, 10, 20 para observar cuándo empieza el mensaje de Zacarías.

Lee Esdras 5:1, 2 y 6:14, 15 para ver que Zacarías empezó su ministerio en el tiempo de Esdras.

Estudiar el libro de Esdras es una buena idea para poder entender el contexto de Zacarías. Si no has estudiado Esdras, lee rápidamente los capítulos 3-6 de Esdras, para tener un panorama general de la historia.

SEGUNDO DÍA

Ahora profundicemos en el mensaje de Zacarías. Lee Zacarías 1:1-6 y marca la frase *vino la palabra del Señor*[1]. También marca *Señor de los ejércitos*[2] y *volveré*. (*Arrepintieron* en el versículo 6 es la misma palabra hebrea para *volver*). Podrías marcarla en amarillo con una flecha roja que da la vuelta como ésta **volver**. Haz un separador de libros incluyendo estas palabras clave y frases. Márcalas en tu separador de libros de la misma forma en que las marcarás en el texto. Esto te hará más fácil ser consistente a través de Zacarías. Continúa agregando las palabras a este separador de libros, a medida que avanzas en el libro. Úsalo en tu estudio diario.

Registra en el margen de tu Biblia el mensaje principal de esta primera "palabra del SEÑOR" a través de Zacarías.

TERCER DÍA

Hoy, lee Zacarías 1:7-11, marca la frase *vino la palabra del SEÑOR* en la misma forma que lo hiciste ayer. También continúa marcando SEÑOR *de los ejércitos*. Marca la palabra *vi*. Marca *el ángel* (también *el ángel que hablaba conmigo*, *el ángel del SEÑOR*[3]). Agrega estas frases a tu separador de libros.

En estos versículos empieza la primera de varias visiones que Zacarías recibió junto con la palabra del Señor. En el margen de tu Biblia, tal vez quieras registrar la visión y los elementos básicos que nos dicen quiénes estaban involucrados, qué está sucediendo y dónde ocurrió todo.

Zacarías está lleno de profecías—sobre el Mesías, Judá y las naciones. Cuando estudies profecía, nota cuidadosamente a quién iba dirigida la profecía – el pueblo de ese tiempo, tú y yo, o ¡ambos!

CUARTO DÍA

La primera visión continúa en 1:12-17. Lee estos versículos y continúa marcando las referencias al *ángel* que hablaba con Zacarías en esta visión. Marca las otras palabras que se encuentran en tu separador de libros. Agrega *setenta años, Jerusalén, Judá* y *otra vez*[4].

Marca *naciones* en verde con una línea café subrayándola. Marca *Mi casa*[5] como un sinónimo del *templo* con color azul. Registra en el margen de tu Biblia la maravillosa promesa de esperanza que Dios le da a Jerusalén y Sión.

Lee los versículos 18-21. Marca las palabras de tu separador de libros. Registra cualquier nueva visión en el margen de tu Biblia y también sus puntos principales. Ahora revisa el primer capítulo y mira si puedes obtener el tema principal. Registra este tema principal (lo que Dios está diciendo en este capítulo) en el espacio apropiado en el cuadro PANORAMA GENERAL DE ZACARÍAS en la página 84.

Puedes obtener una gran bendición del estudio bíblico inductivo si tienes un DIARIO ACERCA DE DIOS – un registro de todo lo que aprendes sobre Dios en tu estudio a través de los años. Empieza uno ahora mismo si no lo has hecho antes y agrega diariamente lo que aprendes. ¿Qué aprendiste acerca de Dios hoy?

QUINTO DÍA

Lee Zacarías 2, marca las palabras clave de tu separador de libros. No olvides el primer uso de *aquel día*. Esta frase será usada más frecuentemente en los capítulos

9-14. Registra la visión y sus puntos principales en el margen de tu Biblia. Haz una lista de la descripción de Jerusalén.

Nota que en el versículo 2:10, el Señor empieza a hablar de venir y habitar en medio de ellos. Mira Éxodo 29:44-46; 1 Reyes 6:12,13; Ezequiel 43:7-9; y Nehemías 1:8,9 y mira dónde habitará el Señor.

Lee Éxodo 40:34,35 y 1 Reyes 8:10-13 y observa dónde estaba la gloria del Señor en el tiempo de Moisés y de Salomón. Ahora lee Ezequiel 10:4, 18, 19 y 11:22, 23. Estos versículos hablan del templo que estaba levantado en los días de Ezequiel, el templo de Salomón, el que fue destruido por los babilonios en el 586 a.C. Lee Ezequiel 43:1-5. Este pasaje habla de un tiempo futuro y de un futuro templo.

Lee Hageo 2:1-9, donde Dios habla de un tiempo en el futuro cuando la gloria del templo excederá a la gloria anterior.

SEXTO DÍA

Vuelve a leer Zacarías 2:8-11 cuidadosamente y escribe quién fue enviado por el Señor de los ejércitos. Lee Lucas 2:25-32 y marca *gloria*. "¿Quién es la gloria de Israel?" Lee Mateo 16:27,28 y marca *gloria*. ¿Quién viene y cuándo? ¿Quién podrá cumplir la profecía de venir y habitar en medio de ellos que se encuentra en Zacarías 2:8-11? No olvides la referencia a tiempo en Zacarías 2:11.

Lee Efesios 1:13; 2 Timoteo 1:14; y 1 Corintios 6:19 y registra dónde habita el Espíritu Santo.

Ahora identifica el tema principal o mensaje del capítulo 2 y regístralo en el cuadro PANORAMA GENERAL DE ZACARÍAS.

SÉPTIMO DÍA

 Guarda en tu corazón: Zacarías 1:3.
Lee y discute: Zacarías 1:1-6, 12-17; 2:10-13.

PREGUNTAS PARA LA DISCUSIÓN O ESTUDIO IINDIVIDUAL

- ¿Cuál es el deseo de Dios para el que se ha extraviado de Él?

- ¿Qué promete Dios hacer a quienes regresan? Y en contraste, ¿qué sucede con quienes no lo hacen?

- Describe la primera visión, registrada en Zacarías 1:7-21.

- En esta primera visión, ¿qué tipo de palabras dio Dios al ángel? ¿Cómo afectan tu esperanza estas palabras?

- Describe y discute la segunda visión, registrada en Zacarías 2:1-13. ¿A quién fueron hechas estas promesas?

- Enumera varias características de Dios que veas en estos dos primeros capítulos de Zacarías.

- ¿Cómo el conocer el carácter de Dios nos ayuda a entender Sus promesas para ti? ¿Qué aplicación puedes hacer para tu propia situación?

- ¿Dónde habitó Dios en el tiempo de Zacarías y dónde habita ahora? ¿Qué diferencia debería hacer esto en tu vida?

- ¿Cuál es la gloria del Señor? ¿Cómo se relaciona esto con nosotros hoy en día?

- ¿Se relaciona esto con la segunda venida? Explica tu respuesta.

Pensamiento para la Semana

El cumplimiento de las promesas de Dios depende del carácter de Dios. Él cumple sus promesas porque Él es fiel. Aunque el resultado específico, depende de tu obediencia. Sabemos que los que creemos estaremos delante del trono de Cristo para ser juzgados por nuestros actos cometidos mientras vivimos y para recibir recompensa o pérdida. Sabemos que Dios bendice la obediencia y que la desobediencia tiene consecuencias que pueden extenderse sobre nosotros.

Dios nos llama con consuelo y aliento desde Su palabra para sobresalir aún más, para seguir adelante, para habitar en Él.

> Que las misericordias del SEÑOR jamás terminan, Pues nunca fallan Sus bondades; Son nuevas cada mañana; ¡Grande es Tu fidelidad! (Lamentaciones 3:22,23).

Tenemos también un Dios que está cerca y no lejos. Él habitó entre el pueblo de Israel en el tabernáculo y luego en el templo hasta el tiempo del cautiverio en Babilonia. Luego, cuando Jesús fue traído al templo, Simeón declaró que Él era la gloria de Israel. Uno de los nombres para el Mesías es Emanuel "Dios con nosotros". Y aunque Jesús ascendió al cielo para sentarse a la derecha del Padre, Él vendrá otra vez. Él se ha ido a preparar un lugar para nosotros y vendrá otra vez por nosotros, para llevarnos allí y vivir con Él y con el Padre para siempre. Después que Él se fue, Jesús nos envió al Ayudador, para que no fuéramos dejados sin la presencia de Dios con nosotros. Hoy en día, Dios habita entre nosotros en la persona del Espíritu Santo, Quien habita dentro de todos y cada uno de los creyentes. ¡Piensa en esto! El Todopoderoso, el Soberano Creador del universo, ¡habita dentro de ti! Él ha venido para estar contigo y nunca te dejará. ¿Qué mejor fuente de esperanza podría haber?

SEGUNDA SEMANA

Vestido con Ropas de Gala

Antes que fuéramos salvados, éramos como huérfanos en uno de los más despreciables y sucios orfanatorios. Estábamos vestidos de iniquidad, de harapos sucios, maltratados y desaliñados.

Pero cuando Dios nos escogió, la gracia del Señor, se llevó toda nuestra iniquidad y quitó nuestros vestidos sucios. Él nos puso vestidos limpios, nos limpió con la sangre de Cristo y ¡nos dio las razones para mantenernos así! Como nuestro Padre, Él espera que le obedezcamos. Sus ojos lo ven todo y Él dice que Él nos otorgará bendiciones si caminamos en Sus caminos. ¿Cómo responderemos nosotros a esa promesa?

PRIMER DÍA

Lee Zacarías 3, marca las palabras clave de tu separador de libros. Describe la visión y sus puntos principales en el margen de tu Biblia.

En este capítulo, Josué recibe vestidos limpios. Hay otras partes en las Escrituras que también nos hablan de los vestidos limpios. Lee Isaías 61:1-10; Apocalipsis 3:4,5 y Gálatas 3:27. También compara 2 Pedro 3:10-14 y Efesios 5:25-27. ¿Qué significa tener vestiduras limpias?

SEGUNDO DÍA

En Zacarías 3:6-10, Josué, el sacerdote principal, es amonestado respecto a sus deberes. En la amonestación, el

Señor de los ejércitos dice que Él enviará Su Renuevo. Para aprender un poco más sobre el Renuevo, lee Isaías 11-12 y Jeremías 23:5-8 y 33:14-18. Vuelve a leer Zacarías 3:7,8 y escribe en el margen de tu Biblia quién es el símbolo del Renuevo y quién es el Renuevo.

También lee Romanos 15:8-12 y considera posibles conexiones.

Mira la promesa en 3:9,10 y marca la frase de tiempo que dice cuánto tiempo tomará remover la iniquidad de la tierra (Israel) y qué ocurrirá al pueblo.

No olvides escribir el tema principal del capítulo 3 en el cuadro PANORAMA GENERAL DE ZACARÍAS.

TERCER DÍA

Hoy, lee Zacarías 4, marca las palabras clave que están en tu separador de libros. Nota quién es el personaje principal en este capítulo y el tema principal o actividad – la reconstrucción del templo. Nota qué dice el Señor sobre quién está involucrado en ambos, en el inicio y la terminación del templo. ¿Qué significa para la "montaña" el ser removida? Recuerda el trasfondo histórico de la reconstrucción del templo que estudiaste en Hageo. Observa cuidadosamente quién estará presente cuando inicie la reconstrucción y cuando esté terminada. También nota cómo se logra esto – con el poder de quién o la fuerza de quién.

CUARTO DÍA

Éxodo nos dice cómo fue hecho el candelero que estaba en el tabernáculo. El tabernáculo era una figura de Dios habitando con el hombre y los artículos en él, varios aspectos de Jesús. Para ver esto, lee Juan 1:1-9; 8:12 y 9:5.

Dios es espíritu y no carne. Pero las Escrituras frecuentemente atribuyen características humanas a Dios – un recurso literario llamado antropomorfismo. Zacarías 4 habla de los ojos de Dios. Lee los siguientes versículos y haz una lista sobre lo que ven los ojos del Señor: Deuteronomio 11:11,12; 2 Crónicas 16:7-9; Salmos 34:15,16; Proverbios 5:21; 15:3 y 1 Pedro 3:12.

QUINTO DÍA

Los dos árboles de olivo son explicados como dos ungidos, "ellos vacían el aceite dorado de ellos mismos". Lee Apocalipsis 11:1-12 y compara lo declarado.

Apocalipsis 11 habla de medir el templo, mientras en Zacarías 2 se nos habla de medir a Jerusalén. No te detengas en los detalles que no entiendes en este pasaje de Apocalipsis (también hemos publicado, ¡He aquí, Jesús viene! Un estudio de Apocalipsis en esta Nueva Serie de Estudio Inductivo). Pero debemos relacionar estas profecías.

Zacarías 4:6 es un versículo muy conocido. Dios cumplirá Sus planes por Su Espíritu y por Su poder, no por el poder del hombre. Lee Hageo 2:4,5,21-23 para ver la relación. También lee Isaías 30:1,2; 44:1-3 y Ezequiel 36:22-27.

SEXTO DÍA

Dios profetiza sobre Su Espíritu Santo en muchos lugares. Lee Joel 2:27-29 y Hechos 2:1-21 (el que cita y declara el cumplimiento de la profecía de Joel 2).

Registra el tema de Zacarías 4 en la línea apropiada del cuadro PANORAMA GENERAL DE ZACARÍAS.

SÉPTIMO DÍA

 Guarda en tu corazón: Zacarías 4:6,10.
Lee y discute: Zacarías 3:8; 4:6-8.

Preguntas para la Discusión o Estudio Individual

- Describe y discute la primera visión, la que estaba enfocada en los vestidos limpios que se le dieron a Josué, el sacerdote principal.

- ¿Qué aprendes sobre Satanás en esta visión?

- ¿Cómo se relaciona esto contigo?

- ¿Con quién has sido vestido? ¿Qué otras imágenes de limpieza se relacionan con tu salvación?

- De las referencias cruzadas que has estudiado, ¿quién es el Renuevo y qué hará Él en su venida?

- Describe brevemente lo que ve Zacarías en el capítulo 4. ¿Qué le dice el ángel que esto representa?

- ¿Realmente ve Dios todo lo que sucede? ¿Qué efecto debería tener esto en nuestra conducta?

- Si Dios ve todo lo que sucede, ¿hay alguna circunstancia o situación que Él no conozca? ¿Cómo afectaría esta verdad a nuestra confianza en las situaciones que parecen "imposibles"?

- ¿Qué relación debería existir entre nuestros esfuerzos y los planes de Dios? De acuerdo a Zacarías 4, ¿cuál es el rol de la gracia para superar los obstáculos?

~ Zorobabel era el heredero por derecho al trono de David. ¿Quién da la autoridad a los reyes? ¿Los gobernantes humanos contrarían los propósitos de Dios son ellos parte del plan de Dios para cumplir Sus propósitos? ¿Cómo lo sabes?

Pensamiento para la Semana

Josué y Zorobabel eran la temporal cabeza espiritual de Israel. Josué era el sacerdote principal y Zorobabel era el líder, el heredero al trono de David. Ellos debían guiar al pueblo a restaurar el elemento central de la alabanza al Dios de Israel, el templo en Jerusalén. Josué y los sacerdotes eran limpiados de iniquidad y separados para el servicio de Dios. Un servicio fiel resultaba a favor de Dios.

Zorobabel debía controlar la reconstrucción del templo; él debía empezarlo y terminarlo, pero no por su propio poder o fuerza. Los obstáculos debían ser removidos, pero sería por el poder del espíritu de Dios.

Dios es omnisciente; Él sabe todas las cosas. Él es omnipresente; Él está en todas partes. Él es omnipotente; Él puede hacer cualquier cosa. Él es soberano; Él gobierna sobre todo. Nada sucede que Él no lo vea y no lo conozca. Nadie esconde nada de Él y no hay nada que esté fuera de Su control. Sus planes y propósitos no pueden ser contrariados por ningún hombre o ningún ángel, tampoco por Satanás.

Aún cuando sabemos que ésta es una verdad de Dios, a veces lo olvidamos y actuamos como si esto no fuera cierto. Vivimos como si no estuviéramos bajo Su mirada, o como si Él no tuviera el control. Cuando las circunstancias parecen imposibles, muy difíciles o por sobre nuestra habilidad, fallamos en correr al que tiene todo el poder, al que tiene todo el control y el que no es sorprendido con nada de lo que sucede. Tratamos de "arreglar" las cosas en nuestras propias fuerzas – con nuestros talentos, con nuestra sabiduría, con nuestras ideas – en lugar de recordar que es con Su Espíritu que alcanzamos lo que Él se propuso para nosotros.

Para vivir como Dios quiere en todo lo que hacemos, deberíamos correr al Padre y pedirle sabiduría. Proponte en tu corazón hacer eso hoy. Volverte a Él para tener fuerzas. Descansar en Su Espíritu. Buscar Su consejo y descansar en Su gloriosa gracia.

TERCERA SEMANA

Mi Casa No Es una Casa a Medias

∽∽∽∽

Zacarías 6:15 dice que "Esto sucederá si escuchan obedientes la voz del Señor su Dios". Dios dijo que aquellos que están lejos vendrán y construirán el templo del Señor, pero que la completa obediencia de Israel es necesaria. ¿Qué nos sucede cuando no obedecemos completamente? ¿Son nuestras bendiciones menores que las que Dios tiene reservadas para nosotros?

PRIMER DÍA

Lee Zacarías 5, marca las palabras clave que están en tu separador de libros. No olvides registrar las visiones en el margen de tu Biblia.

El rollo que vuela es un rollo que está desenrollado para su lectura, por esto sus medidas son dadas. Un rollo desenrollado significa que está claro para que todos lo vean; su contenido no está escondido de la vista. Nota el contenido del rollo y luego lee Ezequiel 2:9-3:11 – un pasaje que debería dar alguna luz para entender el rollo en Zacarías 5.

SEGUNDO DÍA

De acuerdo a Zacarías 2:12; 5:3, la tierra es santa y debe ser purificada o limpiada. Lee Éxodo 20:7-16;

Levítico 19:11,12; Deuteronomio 27:26; Daniel 12:10; 2 Crónicas 34:5-8; Isaías 24:5,6 y Jeremías 16:17,18. Estos pasajes deberían darte idea de la santidad de la tierra y por qué debía ser purificada.

TERCER DÍA

La segunda visión de Zacarías 5 involucra un "efa". Un efa es una medida un poco menor que un siclo, pero aquí debe entenderse como una canasta usada para medir.

Lee Daniel 5, el que describe una escena en que el último rey de Babilonia, Belsasar, fue "pesado" por el Señor (verso 27). Aquí en Zacarías 5, el efa es llevado fuera de la tierra a Sinar, la cual es en Babilonia.

Lee Génesis 11:1-9 y Daniel 1:1,2. Sinar es un lugar actual en el histórico país de Babilonia, aunque también es usado de manera metafórica para hablar de la maldad en general.

Lee Zacarías 2:7; Apocalipsis 17:1-5; 18:1,2,21 y Jeremías 51:1-9 para obtener una visión de la maldad de Israel y el rol de Babilonia.

No olvides registrar el tema del capítulo 5 en el cuadro PANORAMA GENERAL DE ZACARÍAS.

CUARTO DÍA

Lee Zacarías 6, marca las palabras y frases clave.

Comprara la visión de Zacarías 6:1-8 con las visiones de Zacarías 1:7-11 y Apocalipsis 6:1-8. Nota que las carrozas vienen de entre dos montañas – de un valle. Para ver otra referencia profética sobre un valle de juicio, lee Joel 3:1,2,12-14.

Zacarías 2:6; Jeremías 49:36; Ezequiel 37:9 y Apocalipsis 7:1, todos hablan de los cuatro vientos o espíritus del cielo. La palabra hebrea *ruach* puede ser traducida como "aliento", "viento" o "espíritu", así que estas podrían ser referencias a ángeles o vientos físicos.

Los caballos en la visión de Zacarías 6:1-8 patrullan el norte y el sur. Los enemigos de Israel de ese tiempo venían del norte o del sur porque el mar Mediterráneo estaba al oeste y el desierto los bordeaba al este. Como ejemplo de enemigos viniendo del norte o del sur, lee Daniel 11.

QUINTO DÍA

En Zacarías 6:9 empieza otro mensaje del Señor referente a Josué, el sacerdote principal. Pero el mensaje también incluía otra profecía referente al Renuevo. Lee Zacarías 6:9-15 otra vez y luego lee Isaías 4:2; Jeremías 23:5,6; 33:15-18 y Zacarías 3:8-10. Haz una lista de lo que aprendes sobre Renuevo.

SEXTO DÍA

Haz una lista de todo lo que aprendes de la corona dada a Josué en Zacarías 6:11. Hay dos tipos de coronas en el Antiguo Testamento. La primera en esta visión no es la corona del sacerdote principal sino de los gobernantes. Nota que a Josué, el sacerdote principal, le es dada la corona real como recordatorio para otros. Nota quién reconstruirá el templo del Señor, quién se sentará y regirá y quién será el sacerdote. Compáralo con Zacarías 3:8-10 otra vez. Observa lo que dice el texto sobre lo que deberían ser Josué y sus amigos y lo que es la corona sobre Josué en el versículo 6:14.

Los babilonios habían llevado todos los objetos valiosos del templo cuando el pueblo de Dios fue tomado cautivo. Pero con el regreso del remanente de Judá, Dios restauró sus tesoros. Lee Esdras 1:1-11; 7:14-16; 8:26-30 y Jeremías 28:6 para tener una descripción de la riqueza que era regresada a Judá y que fue contribución para la reconstrucción del templo. Así como cuando Israel salió de Egipto con grandes riquezas, así regresaron los exiliados en Babilonia, acompañados de grandes riquezas.

Haz un resumen de Zacarías 6 en tu cuadro Panorama general de Zacarías. ¿Cuáles fueron los temas principales cubiertos?

SÉPTIMO DÍA

Guarda en tu corazón: 1 Pedro 4:17.
Lee y discute: Zacarías 5:1-11; 6:9-15; 1 Pedro 4:17; Tito 2:11-14.

Preguntas para la Discusión o Estudio Individual

- Brevemente revisa el contenido de las dos visiones de Zacarías 5:1-11. ¿Qué aprendiste sobre los rollos en Ezequiel?

- De las referencias cruzadas en el día dos (Éxodo 20:7,16; Levítico 19:11,12; Deuteronomio 27:26; Daniel 12:10; 2 Crónicas 34:5-8; Isaías 24:5,6 y Jeremías 16:17,18), ¿qué aprendiste acerca de la actitud del Señor hacia el pecado entre la humanidad? ¿Qué debe hacerse con el pecado?

- ¿Cuál es la actitud del Señor hacia el pecado en la tierra de Israel? ¿Por qué?

- ¿Cómo nos afecta el ejemplo de Israel? ¿Qué lección deberíamos tomar para nosotros de la manera como Dios trató con Israel?

- Describe la visión en Zacarías 6:1-8.

- ¿Cuál es el punto principal de la visión de los caballos y las carrozas en Zacarías 6:1-8?

- ¿Quiénes son los enemigos de Dios? ¿Dónde habitan ellos? ¿Cómo los derrotará y establecerá paz en la tierra?

- Discute el contenido de la visión sobre la corona en Zacarías 6:9-15.

- ¿Qué principios se pueden aprender de las ofrendas dadas para hacer la corona de Josué?

- De los estudios hechos hasta aquí de Zacarías, ¿cómo crees que es el Renuevo? ¿Cómo se relaciona el Renuevo con el sacerdote principal y el rey?

- Dios restauró las riquezas de los cautivos en Babilonia. ¿De qué manera implica esto a las personas que son rescatadas del cautiverio del reino de las tinieblas? ¿Qué tipo de riquezas les dará el Señor?

Pensamiento para la Semana

Dios juzga el pecado. El rollo que volaba detalla la maldición para aquellos que roban y juran. La maldad tendrá su propio templo en Babilonia. Dios juzgaría a Israel por sus pecados llevándola al exilio en Babilonia. Aún así, habrá un templo del Señor otra vez en Israel, construido por el Renuevo, quien regirá y será un sacerdote.

Dios es santo. Él ha declarado que somos pueblo santo, real sacerdocio y Él nos ordena ser santos, tal como Él es santo. Debido a Su santidad, Él debe juzgar el pecado. A través de todo el Antiguo Testamento, Dios inculcó a Su pueblo, Sus propios estándares de santidad, para que ellos pudieran acercarse a Él. Él es Santo, de manera que Su pueblo y Su tierra debían ser santos. Por esto, ellos debían purificar, limpiarse ellos mismos y la tierra.

Como cristianos, somos escogidos para ser puros y santos ante Él. Debemos ser limpiados por el lavamiento de agua con la Palabra, sin mancha e irreprensibles para Su venida, para que no tengamos que soportar el juicio que viene. Cuando nos paramos delante del trono de juicio de Cristo, debemos ser encontrados santos.

Este Dios santo es también el Señor de toda la tierra. Él reina sobre todo; Él es soberano. Él establece a los reyes para gobernar sobre los reinos de la tierra y Él establece al Rey quien gobernará sobre el reino del cielo. Apocalipsis describe al Rey que viene, quien es Rey de reyes y Señor de señores y quien gobernará y reinará para siempre. Un día, todos aquellos que se sentaron en tronos y que llevaron coronas en sus cabezas, se inclinarán ante Él.

Así como los sacerdotes y gobernantes terrenales fueron figura terrenal de lo celestial, así el tabernáculo en la tierra era una imagen del tabernáculo celestial y el Reposo terrenal es una imagen del Reposo celestial. Lo terrenal apunta a lo celestial. Pero la perfección de lo celestial contrasta con la imperfección de lo terrenal.

Zorobabel y Josué trabajaron para construir el templo terrenal, pero Él, quien viene–el verdadero Rey y verdadero Sumo Sacerdote –Él mismo construirá el verdadero templo. ¡Ven Señor Jesús! ¡Ven Tú fuente de toda bendición!

CUARTA SEMANA

Bendiciendo a Otros

La aflicción de Israel se convertirá en felicidad. Una vez fueron tomados en cautiverio por su pecado, pero ellos regresarán y habitarán en gozo. El pueblo de Dios es para bendición entre las naciones, pero ¿cómo seremos bendición cuando nos hacemos los ciegos o somos tercos y obstinados con la Palabra de Dios o maquinamos maldad en nuestros corazones?

PRIMER DÍA

Nota la frase de tiempo en Zacarías 7:1 y compárala con Zacarías 1:1 y las frases de tiempo en Hageo. Luego lee todo Zacarías 7, marca las palabras y frases clave.

Nota la pregunta que los representantes de Betel hicieron y la pregunta que el Señor les hizo a ellos.

Su actitud en la adoración no estaba bien. Los "profetas anteriores" incluía a todos los profetas hasta Jeremías.

SEGUNDO DÍA

El ciclo de festividades de Israel está mejor detallado en Levítico 23. El ayuno estaba incluido como un acto de adoración al Dios santísimo. Pero los ayunos mencionados en Zacarías no eran resultado del mandato directo de Dios.

En su lugar, eran tradiciones asociadas con la destrucción de Jerusalén y del templo.

La pregunta que hizo el pueblo en el tiempo de Zacarías era, ¿deberíamos hacer todavía lamentación por la destrucción del templo de Salomón ahora que el templo se está reconstruyendo?

Lee 2 Reyes 25:1-12,22-26 para tener una idea de los eventos conmemorados por los ayunos mencionados en Zacarías 7.

El ayuno y la lamentación del quinto mes eran en el noveno mes de Av y fueron instituidos en memoria de la destrucción del templo en el 586 a.C. como está registrado en 2 Reyes 25:9.

El ayuno y la lamentación del séptimo mes no estaban asociados con el Día de la Expiación, como está en Levítico 23, sino que eran en memoria del asesinato de Gedalías, quien fue escogido como gobernador por los babilonios (esta historia se encuentra en 2 Reyes 25:22-25). Este ayuno se hacía en el tercer mes de Tishri, justo después de la celebración del Año Nuevo, Rosh Hashanah.

Como ejemplos de ayunos y lamentación genuinos, lee Esdras 10:1-6; Daniel 10:1-3 y Joel 2:12-19.

Zacarías 8:19 menciona los ayunos del cuarto, quinto, séptimo y décimo mes.

El ayuno del cuarto mes conmemoraba la derrota de Jerusalén en el noveno día del mes por Nabucodonosor, como está registrado en 2 Reyes 25:3,4. Más adelante en la historia judía, Jerusalén fue tomada en el día decimoséptimo por el general romano Tito y esta destrucción es también recordada en el ayuno del cuarto mes. Hoy en día ese ayuno es realizado en el decimoséptimo día del mes de Tammuz, el cuarto mes del calendario judío.

El ayuno del décimo mes conmemoraba el comienzo del sitio a Jerusalén en el día décimo (2 Reyes 25:1).

TERCER DÍA

Preservar la justicia para las viudas, huérfanos, extranjeros y los pobres, era un mandamiento básico del Señor. Lee Éxodo 22:21-27 y Deuteronomio 24:17-21 y 27:19. Sin embargo, el pueblo de Dios no practicaba esto sinceramente. (Lee Jeremías 7:3-11 y Lucas 11:42). Ellos hicieron sus corazones de piedra. La dureza de corazón afligía a Israel. Lee Deuteronomio 15:7-11 y Proverbios 28:14.

La dureza del corazón no debería afligir a los cristianos. Lee Marcos 8:14-21; Efesios 4:17-19; Hebreos 3:8-19 y 1 Juan 3:10,17,18.

No olvides agregar el tema principal del capítulo 7 a tu cuadro PANORAMA GENERAL DE ZACARÍAS.

CUARTO DÍA

Lee Zacarías 8 y marca las palabras y frases clave que están en tu separador de libros. En este capítulo, asegúrate de marcar *salvaré* y *remanente* como palabras clave.

De Zacarías 8:1-8, escribe una descripción sobre cómo será Jerusalén después del regreso del Señor. Considera lo que eso significó para los que vivían en Jerusalén en el tiempo del mensaje de Zacarías. También describe la relación de Dios con Israel (Sión) y qué piensa hacer Él con Israel.

QUINTO DÍA

Lee Zacarías 8:9-13 y haz una lista de lo que debe hacer el pueblo. Continúa haciendo una lista de cómo Dios se relaciona con Israel y qué piensa hacer Él para ellos. Nota el contraste entre lo que era "antes", lo que es "ahora" y lo que será el futuro.

Zacarías 8:14-17 nos da una comparación y un contraste de las intenciones y propósitos de Dios. Anota esto en el margen de tu Biblia. Añádelo a tu lista de lo que el pueblo debía hacer.

SEXTO DÍA

Lee Jeremías 31:1-14.

En Zacarías 8:20 continúa el tema de la promesa de futuras bendiciones para Israel y añade una nota adicional. Lee Zacarías 8:20-23 y nota quién irá a Jerusalén y rogará por el favor del Señor. También nota cómo se relacionarán las naciones con el pueblo judío en ese día.

Lee Génesis 12:1-3 y considera lo que Dios piensa hacer con aquellos que bendicen al linaje de Abraham (Israel) y con aquellos que lo maldicen.

Añade el tema del capítulo 8 al cuadro de PANORAMA GENERAL DE ZACARÍAS

SÉPTIMO DÍA

 Guarda en tu corazón: Zacarías 7:9,10.
Lee y discute: Zacarías 7:9-14; 8:9-19.

PREGUNTAS PARA LA DISCUSIÓN O ESTUDIO INDIVIDUAL

- Discute lo que enseña Zacarías 7 sobre el propósito del ayuno y la lamentación. ¿Qué dice Dios acerca de lo que Israel ha fallado en hacer?

- ¿Cuál es la diferencia entre presentar sacrificios y ofrendas para ti mismo y presentar sacrificios y ofrendas para Dios?

- ¿De qué maneras podemos demostrar nuestro amor por Dios hoy en día? ¿Son las acciones la única manera en que podemos demostrar nuestro amor?

- Si damos oídos sordos al Señor, ¿Podemos esperar que Él escuche nuestras oraciones? ¿Podemos esperar que Él nos continúe hablando?

- ¿Cómo actúa Dios si nosotros nos rehusamos a prestarle atención y somos sordos o tercos?

- ¿Qué trajo juicio de Dios a Israel?

- Discute el regreso de Dios a Sión en Zacarías 8. Describe cómo será la vida en Jerusalén en ese día.

- ¿El regreso de Dios depende del cambio de conducta de Israel o del carácter de Dios?

- ¿Cambió Dios de opinión o fue Su promesa de restauración algo que Él ya había determinado de antemano?

- De acuerdo a Zacarías 8, ¿qué clase de conducta espera Dios?

- Después del regreso de Dios a Sión, ¿cómo se relacionará Israel con otras naciones?

- ¿Cómo nos enseña la relación de Israel con Dios sobre nuestra relación con Dios?

- ¿Hay algo en este capítulo sobre los gentiles y su relación con los judíos?

Pensamiento para la Semana

El ayuno – comer ciertas comidas o ninguna – puede hacerse por las razones correctas o por las equivocadas. Los hombres de Betel buscaron conocer de parte del Señor qué costumbres debían mantener ahora que estaban de regreso en la tierra. El Señor tenía una respuesta simple: ¿Para quién estás ayunando? Examina tus motivos.

La calidad de la relación de una persona con Dios está determinada por la condición de su corazón. Nuestra conducta es un reflejo de nuestro corazón. Un corazón duro como piedra necesita ser suavizado y eso es lo que Dios hace en el nuevo pacto. Entonces somos capaces de amar y ser amados.

Los sacrificios y ofrendas fueron hechos para manifestar una relación genuina con Dios. Pero hoy en día, así como en el tiempo de Zacarías, la gente ejecuta actos de obediencia ritual sin un corazón que le pertenezca a Dios.

La obediencia es el *siguiente* paso de un corazón cambiado. Sólo con un corazón cambiado podemos amar a nuestro hermano; traer justicia para la viuda, el huérfano y el pobre y amar verdaderamente a Dios. Sólo con un corazón cambiado podemos ser bendición para otros. Él nos amó primero y por eso es posible para nosotros amarlo a Él. Él nos ha bendecido y por eso es posible para nosotros bendecir a otros.

"Que las misericordias del Señor jamás terminan, pues nunca fallan sus bondades; son nuevas cada mañana; ¡grande es Tu fidelidad!" Imagina los himnos de alabanza que el pueblo de Israel cantará cuando se completen las promesas que Dios da en estos pasajes. Todas las aflicciones pasadas y presentes de Israel se olvidarán. La noche será disipada; el amanecer saldrá nuevamente.

Será como Pascua de Resurrección para Israel. En ese día ellos tendrán nuevamente el favor del Señor en toda su gloria. La promesa del Mesías, la promesa de restauración completa en Israel y la promesa de una futura bendición y esperanza en la tierra – todas las naciones verán el favor del Señor sobre Israel. El futuro de Israel es más brillante que el pasado o el presente.

QUINTA SEMANA

Tu Rey Viene

Viene el día en que no lucharemos bajo el yugo de la opresión. La esperanza se convertirá en realidad cuando el Rey venga otra vez. Él traerá justicia, salvación a Su pueblo y los fortalecerá. Entonces ellos caminarán en obediencia. Si Dios te ha salvado y fortalecido, entonces tú también puedes caminar en obediencia.

PRIMER DÍA

Lee Zacarías 9 y marca las palabras y frases clave. Este capítulo es el comienzo de un nuevo segmento, así que nota la frase que abre el capítulo. Añade *pacto* y *rey* a tu separador de libros y continúa marcando estas palabras a lo largo del libro. Deberías haber marcado *en aquel día* en el capítulo 2. Márcalo también en el capítulo 9-14.

Subraya con línea doble en verde las ciudades que son mencionadas en Zacarías 9:1-8. Ascalón, Gaza, Ecrón y Asdod eran ciudades palestinas. Nota el destino de cada lugar mencionado además de Jerusalén.

SEGUNDO DÍA

Zacarías 9:9-10 incluye otra profecía mesiánica. Lee Zacarías 2:10; Mateo 21:1-11 y Juan 12:12-16 y compara estos pasajes con Zacarías 9:9.

TERCER DÍA

Lee Zacarías 8:13 y 9:11-17. Luego lee Jeremías23:5-8; 30:10,11: 31:7-14; 46:27,28 y Romanos 9:27 y 11:25-27. Debido a Su pacto, ¿qué promete hacer Dios por Israel?

Haz un resumen de Zacarías 9 y añádelo a tu cuadro PANORAMA GENERAL DE ZACARÍAS.

CUARTO DÍA

Lee Zacarías 10, marca las palabras y frases clave. Añade *pastor* a tu separador de libros.

Para este capítulo marca *Fortaleceré*[6] y determina a quién fortalecerá Dios. También subraya las referencias geográficas.

QUINTO DÍA

Describe la condición del pueblo en Zacarías 10:1,2. Compara Zacarías 10:3 con 2 Samuel 5:1,2; 1 Reyes 22:17 y Ezequiel 34:1-10. ¿Quiénes son las ovejas?

SEXTO DÍA

Lee Zacarías 10:3b-12 ("3b" se refiere a la última parte del verso 3, empezando en "Señor de los ejércitos"). Haz una lista de lo que hará el Señor por Su pueblo y cómo serán ellos.

Añade el tema principal de Zacarías 10 al cuadro PANORAMA GENERAL DE ZACARÍAS.

SÉPTIMO DÍA

 Guarda en tu corazón: Zacarías 9:9.
Lee y discute: Zacarías 9:11-17; 10:3b-12.

PREGUNTAS PARA LA DISCUSIÓN O ESTUDIO IINDIVIDUAL

- ¿Quién es el que está montado en un burro en Zacarías 9:9? ¿Sucedió esto realmente o aún estará por suceder en el futuro? ¿Cómo lo sabes?

- ¿Qué significa "destruir la carroza...y el arco de guerra" (Zacarías 9:10)? ¿Cómo se relaciona esto con Aquel que vendrá montado en un burro?

- ¿Cuándo ocurren los eventos de Zacarías 9:11-10:12?

- ¿Qué promete hacer por Israel el Señor de los ejércitos?

- ¿Qué promete hacer el Señor de los ejércitos por otras naciones y ciudades?

- ¿Cuál es la base para las diferentes promesas del Señor?

- ¿Promete el Señor algo diferente para ti como hijo de Dios o serás tratado igual que el resto?

PENSAMIENTO PARA LA SEMANA

Israel esperó por un Mesías que rompiera el yugo del imperio romano, un guerrero, como proclama Zacarías 9. Su rey vendría, justo y dotado con salvación. El Señor reuniría a Israel, los restauraría y los fortalecería y sus corazones estarían llenos de gozo. Por el pacto.

"Por la sangre de Mi pacto" (Zacarías 9:11) es una de las frases más poderosas en la Biblia. Es la base para las acciones de Dios hacia Sus compañeros de pacto. Dios hizo promesas de pacto a Israel que Él ya ha cumplido y Él piensa cumplir otras en el futuro. Él prometió un Rey que vendría en un burro y Él cumplió esa promesa cuando nuestro Señor Jesucristo entró a Jerusalén la semana anterior a su crucifixión. Israel esperaba un Mesías que rompiera el yugo del imperio romano, el guerrero proclamado en Zacarías 9. Pero el Príncipe de Paz vino en ese tiempo no a establecer la paz en la tierra – en el sentido de fin de la guerra – sino hacer posible la paz con Dios.

Él vendrá nuevamente como un guerrero y como un juez. Entonces Israel lo verá como el que traspasaron y todo Israel creerá. La promesa de Su venida nuevamente es tan verdadera como Su primera venida, porque está fundada en el pacto de Dios.

Así que, también Él ha hecho promesas de pacto con aquellos que han creído en Su Hijo, Jesús y han entrado en el nuevo pacto con Él.

El cumplimiento de las promesas de pacto de Dios, descansan no en nuestra conducta, sino en el carácter de Dios. Él es fiel, incluso si nosotros no creemos. Que reconfortante es saber que la seguridad de nuestra salvación descansa en Dios, quien es fiel a sus promesas de pacto. Alábalo por Su fidelidad.

El fiel cumplimiento a las promesas de pacto de Dios es una bendición que nosotros esperamos con extrema seguridad. Aunque la bendición tal vez no sea nuestra todavía, tenemos la certeza de Su venida.

Tenemos la Palabra de Dios en esto.

SEXTA SEMANA

La Bendición de Tener al Señor como Pastor

Los pastores tienen un trabajo importante y si ellos no lo hacen de la manera apropiada, sus ovejas serán esparcidas y perecerán.

Alguien debe buscarlas y restaurarles la salud para poder salvarlas. Aun cuando los pastores terrenales no hayan tenido fe, Dios es fiel. Tenemos al Buen Pastor que nos guarda y nos cuida.

PRIMER DÍA

Lee y marca Zacarías 11.

SEGUNDO DÍA

Zacarías 9-11 se enfoca en el juicio. Zacarías 9:1-11:3 habla sobre el juicio de las naciones. En Zacarías 11:4, la profecía regresa a Israel. Lee Zacarías 11:4-17 otra vez y marca o registra el uso de *rebaño*. Ya debes haber marcado la palabra *pastor*. Piensa de quién es el rebaño y quiénes podrían ser los pastores.

TERCER DÍA

Lee Juan 10:1-16,24-28; 21:15-17 y Hechos 20:28-30. Estas Escrituras nos dan idea del pastor y su rebaño en el Nuevo Testamento. Compara lo que aprendes de estas Escrituras en Zacarías 11.

CUARTO DÍA

Lee Zacarías 11:7-17 otra vez, marca *Gracia* y *Unión*[9]. Luego lee 1 Reyes 12:1-19. ¿Se refiere Zacarías 11:7-17 a Roboam (regresando al pasado) – fue aquí cuando la Gracia y la Unión se rompieron? ¿O se refiere Zacarías adelante en el tiempo, a algún evento posterior a Zacarías?

No olvides hacer un resumen del mensaje de Zacarías 11 y añádelo a tu cuadro PANORAMA GENERAL DE ZACARÍAS.

QUINTO DÍA

Lee y marca Zacarías 12. No olvides *Jerusalén* y las frases *Profecía, palabra del* SEÑOR *acerca de Israel*[8] y *Espíritu de gracia*. Marca Espíritu así: **Espíritu** en color púrpura y colorea el interior de amarillo.

SEXTO DÍA

Haz una lista de todas las cosas que el Señor dice que hará "ese día" en Zacarías 12. Hay un gran contraste en este capítulo entre lo que Dios hará con las naciones y lo que Él hará con Israel. En tu lista, marca claramente este contraste (tal vez quieras hacer dos listas).

SÉPTIMO DÍA

Guarda en tu corazón: Zacarías 12:10.
Lee y discute: Zacarías 11:4-17. Nota el contraste con Zacarías 12.

Preguntas para la Discusión o Estudio Iindividual

∽ Discute lo que has aprendido de tu estudio de Zacarías 11 y de las referencias cruzadas en el Nuevo Testamento sobre las ovejas y los pastores (Juan 10:1-16,24-28; 21:15-17; Hechos 20:28-30).

∽ ¿Cómo ha pastoreado Dios a Israel? ¿Qué significa que Zacarías tuviera un cayado llamado Gracia y otro llamado Unión?

∽ ¿Qué significa que Zacarías rompió la Gracia y la Unión?

∽ ¿Quiénes son los pastores que serían levantados pero que no cuidarían el rebaño?

∽ Discute el cambio en Zacarías 12, sobre la actitud de Dios hacia Israel. ¿Cómo se relaciona esto con pastorear?

Pensamiento para la Semana

Cuando David fue pastor, él defendió a sus ovejas del león y del oso. Y él sabía que el Señor era su pastor. Israel tiene un Pastor que los defenderá "en aquel día" de sus enemigos. Él los rescatará de aquellos que buscan destruirlos y Él los llevará a la victoria.

Casi todos están familiarizados con el Salmo 23. Generalmente es usado en funerales y otros momentos difíciles para confortar a aquellos que están dolidos. Muchos lo han guardado en su memoria para poder recordar siempre el cuidado de Dios. La metáfora del pastor y su rebaño es importante para cada cristiano para poder entender por qué nuestro Pastor es el único perfecto y por qué nuestra relación con Él es tan maravillosamente descrita en Sus Escrituras.

Si tomamos esta metáfora exactamente, nos topamos cara a cara con nuestra posición como ovejas. Se nos recuerda nuestra extrema incapacidad y nuestra total dependencia de nuestro Pastor.

En cuanto nos damos cuenta que somos tan solo ovejas, somos sacados del engaño de que podemos hacer las cosas por nuestra propia cuenta. Toda la fuerza y bendición que necesitamos viene de nuestro Pastor.

SÉPTIMA SEMANA

Y Me Mirarán a Mí, a Quien Han Traspasado

¡Nuestra esperanza viene! "En aquel día", declara el Señor, la gracia será derramada. Un remanente será salvado y ellos serán Su pueblo. Dios ha prometido que un día Israel verá y creerá. Esto todavía no ha sucedido con Israel como nación, pero ¿qué hay de ti? ¿Has visto y has creído?

PRIMER DÍA

Lee Zacarías 12 otra vez. ¿A quién se refiere la palabra "Mí" en el verso 10? Lee Juan 19:37. Si necesitas tener más contexto, lee Juan 19:17-42. También lee Mateo 24:30 y Apocalipsis 1:7. Luego decide si la profecía en Zacarías 12:10 ha sido ya completada o está por venir.

SEGUNDO DÍA

Lee Isaías 44:3; Ezequiel 39:29 y Joel 2:28,29. Estos versículos hablan del Espíritu siendo derramado sobre Israel. Hechos 2:17-21 declara el cumplimiento de Joel 2, pero nota que en Zacarías 12:10, la casa de David y los habitantes de Jerusalén ven a Aquel al que traspasaron y se lamentaron.

TERCER DÍA

Lee Esdras 9:8; Salmos 45:2; 84:11; Proverbios 3:34; 4:9; Jeremías 31:2 y Zacarías 4:7 y 12:10. Todos estos pasajes mencionan la gracia. ¿Cuál es el concepto de gracia en el Antiguo Testamento?

CUARTO DÍA

Compara el uso de las palabras "traspasar" y "herir" en Zacarías 12:10; 13:6,7 y Mateo 26:31. Haz un resumen del tema de Zacarías 12 y añádelo a tu cuadro PANORAMA GENERAL DE ZACARÍAS.

QUINTO DÍA

Lee y marca Zacarías 13. Marca *tercera, tercera parte* y sus pronombres de la misma manera en que marcaste *remanente*. Nota el uso de *Pastor* en Zacarías 13:7. Haz una lista de lo que aprendes al marcar *pastor* en este capítulo. Revisa lo que viste en Zacarías 11 sobre los pastores. ¿Quién es el pastor y a qué se refiere Jesús proféticamente en Mateo 26:31?

SEXTO DÍA

Zacarías 13:8,9 menciona la "tercera" o "tercera parte". Vuelve a leer Zacarías 8:6-12. También lee Miqueas 2:12 y Jeremías 23:1-6. Lee Romanos 9:27 y 11:26-31. Si tienes tiempo, lee 2 Pedro 3:1-10.

Revisa Zacarías 12-13 y determina qué sucederá "en aquel día". Luego añade tu resumen del tema de Zacarías 13 a tu cuadro PANORAMA GENERAL DE ZACARÍAS.

SÉPTIMO DÍA

 Guarda en tu corazón: Zacarías 13:7.
Lee y discute: Zacarías 12-13.

PREGUNTAS PARA LA DISCUSIÓN O ESTUDIO IINDIVIDUAL

- Contrasta el uso de la palabra "pastor" en Zacarías 11 y Zacarías 12-13.

- ¿Qué aprendiste de la lista que hiciste de Zacarías 12-13 sobre lo que sucederá "en aquel día"?

- Cuando el Mesías regrese, ¿Israel lo reconocerá como el que ellos crucificaron?

- Lista los nombres asociados con el Mesías en Zacarías (Pastor, Compañero, Renuevo, etc.). Discute su importancia.

- ¿Cómo encaja el concepto de gracia en Zacarías?

- Ni la "fe" ni el "creer" son mencionadas en Zacarías, pero "salvar" y "salvado" si lo son. De acuerdo al Salmo 145:8,9 ¿Cómo será salvado Israel?

- Algunas veces estamos impacientes por la venida del Señor. ¿Deberíamos estar impacientes? Si lo estamos, ¿es porque tenemos preocupación por los perdidos o porque nuestros motivos son egoístas y deseamos que nuestras circunstancias presentes se terminen?

Pensamiento para la Semana

"En aquel día" el Señor cuidaría a Judá. Él abriría una fuente para la casa de David y para Jerusalén, para purificarlos del pecado y la impureza. Ellos serían refinados y purificados y solo una tercera parte saldría del fuego. Pero aquellos que sobreviven, llamarían el nombre del Señor y serían Su pueblo.

Jerusalén sería una piedra pesada para las naciones. Dios pelearía por Su pueblo Israel y por Jerusalén. Todas las personas de las naciones que estuvieron en contra de Jerusalén serían destruidas, pero sobre Jerusalén habría bendición.

> Pero Dios, que es rico en misericordia, por causa del gran amor con que nos amó, aun cuando estábamos muertos en (a causa de) nuestros delitos, nos dio vida juntamente con Cristo (por gracia ustedes han sido salvados) y con Él nos resucitó y con Él nos sentó en los lugares celestiales en Cristo Jesús, a fin de poder mostrar en los siglos venideros las sobreabundantes riquezas de Su gracia por Su bondad para con nosotros en Cristo Jesús. Porque por gracia ustedes han sido salvados por medio de la fe y esto no procede de ustedes, sino que es don de Dios.
> (Efesios 2:4-8).

¡Qué gloriosa verdad – Dios tiene gracia para con nosotros! Pero Dios tiene gracia también para con Israel, ya que un remanente será salvado. Aquellos que ven al Mesías cuando Él venga creerán y serán salvados – por gracia, no por la Ley.

La salvación ha sido siempre por gracia por la fe en el Mesías prometido. Abraham creyó y le fue contado por justicia. La Ley fue añadida por causa de las transgresiones, pero la salvación ha sido siempre de acuerdo a la promesa, por fe.

Pero cuando vino Jesús a Israel sobre un burro, los judíos no lo reconocieron ni creyeron. En su lugar, lo crucificaron. Ellos aún no creen que el Mesías ya vino y esperan por Su venida. Pero para aquellos que han creído en Jesús – judíos y gentiles – el Mesías ha venido y vendrá otra vez. Nosotros lo esperamos: pero, ¿cómo lo esperamos?

Mientras la Palabra de Dios nos dice que debemos estar alerta por Su venida, es fácil olvidar que el tiempo de Dios es de acuerdo a Su plan y Sus propósitos y que tiene que ver con la salvación de los perdidos. En nuestras circunstancias actuales, si contemplamos la venida del Señor para calmarnos en nuestro sufrimiento, ¿estaremos pensando con la mente de Cristo? ¿Tenemos preocupación por evangelizar a los perdidos, para que reciban vida eterna? ¿Dónde nos enfocamos? Debemos recordar el amor de Dios y permanecer enfocados en Su misericordia y gracia hacia nosotros y todos los pecadores.

OCTAVA SEMANA

Las Naciones Adorarán al Rey

¡Qué maravillosas bendiciones están reservadas para aquellos creyentes que verán el retorno del Rey! Pero no habrá tal bendición para aquellos que se niegan creer y a reconocerlo a Él. "En aquel día" aquellos que adoran al Rey tendrán lluvia y aquellos que no lo adoran al Rey no tendrán lluvia sino que serán sitiados con una plaga del Señor. La obediencia traerá bendición en aquel día, y la desobediencia traerá maldición. En estos días de espera, demostremos nuestra fidelidad a través de nuestra obediencia y adoración hacia el Rey que viene. Entonces Él abrirá las ventanas de la bendición.

PRIMER DÍA

Lee Zacarías 14 y marca las palabras y frases clave.

SEGUNDO DÍA

Zacarías 14 habla de una gran batalla. Haz una lista o dibuja en una línea de tiempo la secuencia de los eventos en este capítulo.

Añade el tema principal de Zacarías 14 a tu cuadro Panorama General de Zacarías. Luego haz un resumen del mensaje general del libro y regístralo en tu cuadro.

TERCER DÍA

Lee Apocalipsis 16:12-19 y 19:11-21. Armagedón es casi universalmente conocida como la batalla fin del mundo. ¿Qué dice la Biblia sobre Armagedón? ¿Dónde se reunirán los ejércitos y dónde pelean?

CUARTO DÍA

Lee Isaías 63:1-6; Joel 3:9-15 y Apocalipsis 14:14-20 y 19:15. Mira cómo se relaciona esto con la batalla descrita en Zacarías 14.

Marca y luego haz una lista de lo que aprendes sobre Jerusalén en Zacarías 14.

QUINTO DÍA

Lee Levítico 23:34-43 y Deuteronomio 16:13-16 y 31:10,11 para obtener el trasfondo de Zacarías 14:16-19 y la fiesta de los Tabernáculos. La fiesta de los Tabernáculos era celebrada al mismo tiempo que la fiesta de las Trompetas y el día de la Expiación.

SEXTO DÍA

Una de las frases finales de Zacarías es "Santidad al Señor" (14:20). Estaba inscrita en una lámina de la diadema del sacerdote principal. Muchas cosas fueron dedicadas como "santas para el Señor" bajo la ley. Mira la última vez que "santo para el Señor" es usada en la Biblia – Lucas 2:21-38. Ser "santo para el Señor" es estar apartado para Él, ser puro, sin tacha o deshonra o mancha de pecado. Lee 2 Pedro 3:14 y deja que esto sea tu deseo.

SÉPTIMO DÍA

 Guarda en tu corazón: Zacarías 14:4.
Lee y discute: Zacarías 14.

Preguntas para la Discusión o Estudio Iindividual

- Revisa la secuencia de los eventos en Zacarías 14.

- Discute todo lo que sucedió con respecto a Jerusalén.

- La mayoría de la gente del mundo ha escuchado sobre el Armagedón. ¿Cómo concuerda la historia bíblica con el punto de vista del mundo? ¿Cómo difieren?

- ¿Cuál es el propósito de la gran guerra que empieza con la reunión de un gran ejército en el valle del Megido? ¿Es el "fin del mundo" o es algo más?

- ¿Cómo se relaciona el carácter de Dios con este gran conflicto?

- ¿Qué deberíamos pensar acerca de esta batalla? ¿Nos afecta en alguna forma?

- ¿Qué significa ser "santo para el Señor"?

- Reflexiona sobre tu santidad personal. ¿Estás siendo "santo para el Señor"? ¿Qué necesita ser cambiado en tu vida?

Pensamiento para la Semana

El Señor vendrá a Jerusalén "en aquel día" y se parará en el Monte de los Olivos. Será un día como ningún otro. Habrá pánico, plagas y batallas entre las naciones que se reúnen en contra de Jerusalén. Pero habrá paz, seguridad, celebración y fiestas para aquellos que adoran al Señor de los Ejércitos.

Las campanas de los caballos estarán inscritas con "Santo para el Señor". Cada olla en Jerusalén y en Judá será santa para el Señor de los Ejércitos. La última línea de Zacarías dice que vendrá el día cuando el Señor será visto como santo. Vendrá el día cuando Israel y Jerusalén serán restauradas a su condición anterior y serán bendición a las naciones.

Cada creyente debería perseguir la santidad con todo su corazón. Ser "santo para el Señor" debería ser la meta de cada persona. El principal propósito de la Biblia es enseñarnos cómo ser "santos para el Señor". En cada libro de la Biblia, Dios se revela a sí mismo y nos llama a ser como Su Hijo, Jesús, quien es Santo. Algún día, cuando recibamos nuestro cuerpo glorificado y estemos presentes al Señor en el cielo, seremos tan santos como nunca podríamos haberlo sido. Entonces nos pararemos (o tal vez caigamos de rodillas en adoración) en la presencia de la perfecta Santidad, Dios mismo.

Y un día, los cielos y tierra presentes serán destruidos y un nuevo cielo y tierra – con una nueva Jerusalén – vendrán a ser la nueva morada de la perfecta Santidad. En medio de todas las desgracias y fatigas de la vida que vivimos ahora, podemos encontrar paz y gozo solo con mirar el tiempo en que estemos en la presencia del Señor, adorándolo.

Vivamos nuestras vidas mirando hacia Su venida con ¡gran anticipación y gozo! Levantemos nuestras cabezas sobre los problemas de esta vida y mantengamos nuestros ojos fijos firmemente en la esperanza de Su venida. Entonces seremos un faro de esperanza para el mundo.

> El que testifica estas cosas dice: Si, vengo pronto. Amén. Ven, Señor Jesús. La gracia del Señor Jesús sea con todos. Amén (Apocalipsis 22:20,21).

Panorama General de Zacarías

Tema de Zacarías

División por Secciones

Autor:

Trasfondo Histórico:

Propósito:

Palabras Clave:

	Temas de los Capítulos
1	
2	
3	
4	
5	
6	
7	
8	
9	
10	
11	
12	
13	
14	

Malaquías

Introducción a Malaquías

¿Quieres que Dios abra las ventanas de los cielos y derrame bendiciones sobre tu vida? ¿Hay algo que necesitas saber o hacer para recibir las bendiciones de Dios?

Malaquías conocía el secreto. Hace aproximadamente 2400 años, él dijo al pueblo de Israel cómo podían asegurar las bendiciones de Dios y ese mensaje todavía habla a nosotros hoy. Malaquías vino a entregar el mensaje de la necesidad de obediencia y del maravilloso amor de Dios, prometiendo que Dios abriría las ventanas de los cielos y los bendeciría si Su pueblo tan solo escuchara y tomara en cuenta Su mensaje.

Hoy en día oímos mensajes de terceras personas pretendiendo presentar una imagen conflictiva de Dios y de cómo debería ser nuestra relación con Él. Pareciera ser que nosotros escasamente escuchamos su voz mezclada entre el clamor de un "evangelio" de salud y riqueza que enfatiza deseos egoístas e intereses personales. La sociedad nos dice que merecemos más y mejores cosas, prometiendo que si solo compramos esto o aquello, seremos verdaderamente felices. Se acercan a Dios como si El fuera una máquina tragamonedas cósmica. Si metemos una moneda en la ranura y giramos la perilla, obtendremos un premio.

Pero Dios no es así, aquellos que han creído en el evangelio, saben que Él es el Padre, Él es el Maestro, Él es el Señor y Él es el único que nos ama y quiere abrir las ventanas de las bendiciones para nosotros. Pero debemos amarlo también… y ¡con más que solo palabras!

Mientras avanzas en el estudio de Malaquías, aprenderás cómo vivir de una manera que agrade a Dios. Aprenderás cómo amarlo, honrarlo y obedecerlo. Entonces, cuando las bendiciones lleguen, sabrás que eso fue por el amor de Dios. Escucha el mensaje de Malaquías con tu corazón y también conocerás las llaves que desatan las bendiciones de Dios en tu vida.

PRIMERA SEMANA

La Bendición de una Ofrenda Agradable

¿Alguna vez has dudado del amor de Dios por ti? Los hijos de Israel han pasado por mucho – el cautiverio y exilio de su tierra. Ellos necesitaban un recordatorio de que Dios los amaba. Pero también necesitaron un recordatorio sobre la importancia de la obediencia a los mandamientos de Dios. Y un área en que se negaron a ser obedientes fue en adorarlo. Ellos hicieron su propia voluntad.

Pero desde el principio, Dios había dejado claro que quienes lo adoraban eran los que hacían Su voluntad. Para acercarse a Dios, el hombre necesitaba llevar una ofrenda que fuera aceptable a Él. ¿Qué ofrenda es aceptable para Dios?

PRIMER DÍA

Para que te familiarices con el mensaje de Dios dado a través de Malaquías, lee los capítulos 1 y 2. A medida que lees, marca cualquier referencia a SEÑOR *de los ejércitos*[1], el *sacerdote* e *Israel*. Esto te ayudará a ver a quién escribe Malaquías y qué tiene Dios que decirles sobre ciertos temas. Si necesitas sugerencias para marcar las palabras clave, podrías marcar la frase SEÑOR *de los ejércitos* con un triángulo para recordar la Trinidad, hazlo con color morado porque es el color de la realeza y rellénalo con color amarillo, ya que Dios es luz. Marca *Israel* con la estrella de David como esta: ✡. Marca *sacerdote* con una "S" de color azul.

SEGUNDO DÍA

Hoy, lee Malaquías 3 y 4 y continúa marcando las palabras clave o cualquier referencia a Señor *de los ejércitos*, los *sacerdotes* e *Israel* como lo hiciste ayer.

TERCER DÍA

Malaquías significa "Mi mensajero". Como viste en el capítulo 1, el primer versículo nos dice que lo que le sigue es el mensaje de Dios a través de Malaquías.

Malaquías contiene palabras clave y frases que deberías marcar. Para ayudarte a recordar cuáles palabras marcar y cómo marcarlas, escribe las palabras clave en una tarjeta índice, dale a cada una un color a medida que las marcas y luego usa la tarjeta como separador de libros. Esto te ayudará a tener control de lo que marcas.

Lee Malaquías 1:1-5 y marca *pero ustedes dicen*[2] subrayando las palabras. Marca *amor* con un corazón.

También nota quién está hablando a quién y de qué están hablando. También podrás anotar brevemente en el margen de tu Biblia (tal vez con un lápiz) cuál es el tema – a qué problema está refiriéndose el Señor. En los versos 1-5, ¿qué es lo que se está cuestionando el pueblo de Dios?

La historia de Jacob y Esaú es muy larga para incluirla en este corto estudio, pero para hacer una pequeña revisión, lee Génesis 25:19-34, Hebreos 12:14-17 y Romanos 9:10-16. Tal vez quieras registrar lo que aprendas sobre estos hombres en un cuaderno.

Hay una gran lección de vida en estos versículos, un mensaje sobre el amor de Dios, que es muy importante para nosotros hoy. Medita en esta verdad. Escríbelo en tu cuaderno o en el margen de tu Biblia o espera hasta el momento de la discusión si estás haciendo este estudio en grupo.

CUARTO DÍA

Lee Malaquías 1:6 y marca *temor* (o *respeto*) y *Mi nombre* (*Tu nombre*). Si observas, las repetidas veces que aparece *sacerdotes* e *Israel*, que marcaste en el día uno, esto debería mostrarte el cambio de la audiencia para este mensaje y el tema específico en estos versículos. Los versículos 1-5, ¿a qué grupo van dirigidos? Ahora, en el versículo 6, ¿para quién es el mensaje? ¿Qué estaba haciendo Israel en los versículos 1-5? ¿Qué están haciendo los sacerdotes en el versículo 6? A medida que lees los versículos 7-10, nota ¿cuál es la ofensa, qué dicen los sacerdotes y qué hacen?

Ahora lee Malaquías 1:7-10 y marca *sacrificio* (u *ofrenda*) y *despreciable*. Escoge un color diferente o un símbolo diferente para cada uno.

También querrás hacer una lista de cómo Dios reacciona a estas acciones. ¿Cómo se describe Dios a sí mismo en estos versículos? Una gran bendición que puedes recibir del Estudio Inductivo de la Biblia, es mantener un DIARIO ACERCA DE DIOS, un registro de lo que aprendes acerca de Dios en tu estudio a través del tiempo. Si nunca has hecho esto, tal vez quieras empezar uno ahora y actualizarlo diariamente.

Lee Levítico 22:17-25 y compáralo con Malaquías 1:6-10. En Levítico, ¿qué dice Dios que es una ofrenda aceptable? En Malaquías, ¿qué clase de ofrendas estaban haciendo los sacerdotes? ¿Por qué Dios no aceptaría las ofrendas de los sacerdotes en Malaquías?

En Malaquías 1:6, Dios dice que un hijo honra a su padre y un sirviente a su señor y luego Él pregunta ¿si Yo soy el Padre, dónde está Mi honor? ¿Es Dios un Padre para Israel y los sacerdotes? Lee Deuteronomio 32:6 e Isaías 64:8, para ver dos ejemplos en los que Moisés y los profetas escriben sobre Dios siendo un Padre para Israel.

La palabra hebrea usada en Malaquías 1:6 para "Maestro" es la raíz de la palabra "Adonai", que se traduce "Señor". Dios pregunta a los sacerdotes en Malaquías 1:6 ¿Si Yo soy Señor, donde está mi temor? Lee Salmos 136:3, donde "Señor" y "Señores" es la misma palabra hebrea usada en Malaquías 1:6. Él es Señor, Él es Maestro sobre Israel y los sacerdotes.

¿Cómo no estaban dando honor los sacerdotes a su Padre o respeto a su Señor?

QUINTO DÍA

Lee Malaquías 1:11-14, marca las palabras clave que están en tu separador de libros. Añade *profanan* (*profanado*) y *maldito*.

Ahora lee Levítico 22:31-33 y compáralo con Malaquías 1:11-14. De acuerdo a Levítico, desobedecer los mandamientos de Dios, profana su nombre. En Malaquías, ¿qué estaban haciendo los sacerdotes, que profanaba el nombre de Dios?

En Malaquías 1:11-14, Dios dijo que Su nombre será grande entre las naciones y temido entre las naciones. "Entre las naciones" es una frase que se refiere a los gentiles – todas las personas que no son de Israel. Lee el Salmo 96 (tiene solo 13 versículos) para ver por qué Su nombre será grande entre las naciones y temido entre las naciones. Encontrarás que este salmo es bueno para leer y hacer tu propia oración de alabanza a Dios.

SEXTO DÍA

De acuerdo a Malaquías 1:14, Dios maldice a quienes quebrantan un pacto cuando sacrifican un animal con defecto de su rebaño. Lee Números 30:1-2 y Deuteronomio 23:21-23 y nota lo que Dios dice sobre los pactos.

La palabra hebrea para engañador (tramposo) en Malaquías 1:14 es también usada para describir las acciones de los hermanos de José en Génesis 37:13-20; es usada para describir la conducta de los madianitas en contra de Israel en Números 25:1-9 y el trato de los egipcios con los israelitas antes del éxodo en Salmos 105:23-26. Si tú no conoces estas historias y tienes tiempo, lee estos pasajes. Deberán darte un conocimiento profundo del concepto de Dios sobre el engañador quien actúa artificiosamente, aquel que quebranta un pacto. Tal vez las acciones de Dios en estas porciones de la Escritura te ayudarán a entender la reacción de Dios hacia los sacerdotes en Malaquías 1.

¿Qué aplicación puedes hacer en tu propia vida respecto al tema de ofrecer sacrificios que quisieras hacer a Dios? En nuestra cultura actual, no ofrecemos sacrificios de corderos u otros animales, pero ¿qué principios puedes seguir?

Identifica el tema principal o mensaje del capítulo y regístralo en la hoja del Panorama General de Malaquías que se encuentra al final de este capítulo.

SÉPTIMO DÍA

Graba en tu corazón Malaquías 1:2.
Lee y discute Malaquías 1.

Preguntas para la Discusión o Estudio Iindividual

- ¿A qué grupo grande de personas entrega Malaquías el mensaje de Dios? ¿A que otros grupos más pequeños también se refiriere?

- ¿A qué problemas se refiere? ¿Qué es lo que dijo Dios y sobre lo que duda Israel? ¿Qué estaban haciendo mal los sacerdotes? ¿Ves alguna comparación con el día de hoy?

- ¿Qué dice Dios sobre Su nombre? ¿Qué significado tiene que el nombre de Dios sea grande entre las naciones?

- ¿Qué tan importante es cumplir los pactos?

- ¿Por qué a veces dudamos del amor de Dios? ¿Qué evidencia tenemos de que Dios nos ama?

- ¿Qué clase de ofrendas deberíamos presentar al Señor? ¿Cómo ve Él las cosas que son menos que lo mejor de parte de nosotros?

- ¿Cómo debemos honrar el nombre de Dios? ¿Cómo podemos demostrarle reverencia?

- ¿Cómo podemos demostrar que estimamos a Dios como nuestro Padre y Maestro?

Pensamiento para la Semana

Una de las cosas más importantes que podemos aprender de Malaquías es que Dios nos ama y que no deberíamos dudar de Su amor. Dios amó a Israel y demostró Su amor al escogerlos. Dios demostró Su amor por nosotros, al enviar a Su Hijo, Jesús, a morir en la cruz por nosotros, al ser perdonados por nuestros pecados y al darnos vida eterna. Juan 1:12 nos dice que Jesús dio a todo el que cree en Él, el derecho de ser llamado hijo de Dios.

Esto hace a Dios nuestro Padre y Dios ama a sus hijos. El quiere bendecirnos.

De acuerdo a 1 Pedro 2:5, también somos sacerdotes de Dios. Una de las funciones más importantes de un sacerdote es ofrecer sacrificios. ¿Qué clase de sacrificios le estamos ofreciendo a Él? Romanos 12:1 nos dice que debemos ofrecernos nosotros mismos como sacrificio a Dios, santo y aceptable. ¿Cómo entonces podemos fallar en cumplir nuestro pacto con El? ¿Por qué engañarlo a Él, sabiendo que Él nos ama, Él nos escogió y Él nos hizo real sacerdocio?

Dios dijo que Su nombre sería grande entre las naciones, pero que los sacerdotes estaban profanando Su nombre. El nombre de Dios es muy importante y debería ser reverenciado. Isaías dijo "niño nos es nacido, hijo nos es dado; y el principado sobre su hombro y se llamará Su nombre Admirable, Consejero, Dios fuerte, Padre eterno, Príncipe de paz". Este niño era Jesús. Como cristiano, tú llevas el nombre de Cristo. ¿Hay algo en tu vida que podría profanar Su nombre? ¿Qué podría aprender la gente sobre Cristo cuando observa tu vida? ¿Reflejas a Cristo en tu hablar, tus acciones, tu confianza y tu seguridad?

Confíate a ti mismo la tarea de nunca dudar de Su amor por ti y de nunca engañarlo, ya que Él es recto. Esfuérzate por nunca dar ocasión de profanar Su nombre. Sé un fiel hijo de Dios y un fiel sacerdote de Dios. Adóralo a Él en todo lo que hagas.

SEGUNDA SEMANA

La Bendición de Mantener el Pacto

A veces pareciera que no puedes confiar en que alguien va a mantener una promesa. Decepción, dolor y enojo son frecuentemente el resultado de las promesas rotas. Pero el mantener nuestra palabra y cumplir nuestras promesas traen resultados positivos, la confianza y el respeto de aquellos a quienes hemos hecho las promesas y aquellos que son testigos de nuestra lealtad. ¿No quisieras ser considerado leal?

En el capítulo 2 de Malaquías, somos introducidos al concepto de "pacto". Un pacto es el más solemne acuerdo que obliga a quienes lo hacen. Involucra promesas y responsabilidades hacia el compañero de pacto, así como consecuencias por quebrantar las promesas del pacto. A medida que estudiamos Malaquías, necesitamos recordar que mantener un pacto demuestra respeto por el compañero de pacto y quebrantar el pacto profana el nombre del pactante y de su compañero de pacto. Hay muchos pactos en la Biblia, pero en Malaquías 2, dos pactos son mencionados específicamente y son los dos temas más importantes del capítulo. Examinemos las responsabilidades de los pactantes y las consecuencias de fallar al cumplir esas responsabilidades.

PRIMER DÍA

Lee Malaquías 2:1-9 y marca las palabras de tu separador de libros. Añade *pacto* y píntalo de rojo con un borde amarillo. Marcaste *temor*[3] en el capítulo 1. En el capítulo 2, la misma palabra hebrea es traducida como *reverenciara*[4] y *reverenció*[5]. Marca estas dos palabras de la misma forma en que marcaste temor en el capítulo 1. Nota a quién se refiere en estos versículos - ¿todavía es a los sacerdotes?

La semana pasada marcaste todas las referencias a los sacerdotes, observaste en el primer capítulo de Malaquías que Dios no estaba contento con los sacrificios que los sacerdotes estaban ofreciendo. Los sacerdotes eran hijos (descendientes) de Aarón. Lee la explicación de cómo Dios escoge a Aarón y sus hijos para que fueran sacerdotes perpetuamente en Éxodo 28:1; 29:9 y 40:13-15. Aarón era un descendiente de Leví, uno de los 12 hijos de Jacob. (Lee Éxodo 6:16-23 si tienes tiempo).

Cuando Dios escogió a Aarón y sus hijos como sacerdotes, no había mención de un pacto. Pero si lees Números 18:19 y 25:10-13 (RV60), verás que Dios llama a los sacrificios del sacerdocio como un pacto de sal (un pacto de fidelidad o lealtad) y llama al sacerdocio en sí mismo un pacto de paz (un pacto de sumisión).

En Números 25, Dios hace este pacto de paz con Finees, hijo de Eleazar, hijo de Aarón, descendiente de Leví. Así que, el pacto con Leví se refiere a un pacto... ¿con quién?

SEGUNDO DÍA

Lee Malaquías 2:1-9 otra vez y haz una lista de las cosas que un buen sacerdote debía hacer. También anota lo que los sacerdotes estaban haciendo y nota el contraste. Tal vez quieras registrar estas listas en el cuadro a continuación:

Qué Debía Hacer un Sacerdote	Qué Estaban Haciendo los Sacerdotes

Lee 1 Pedro 2:5,9 y Apocalipsis 1:6 y 20:6, esto te dará un conocimiento profundo de a quiénes llama Dios sacerdotes hoy en día. A medida que lees estos versículos, nota las enseñanzas que puedes aplicar a tu vida y tus responsabilidades como sacerdote.

TERCER DÍA

Hoy, lee Malaquías 2:10-12, marca las palabras que se encuentran en tu separador de libros. Añade la palabra *deslealmente*[6].

Nota a quién se refiere y quién se ha portado deslealmente contra quién. ¿Cuál fue el acto que profanó el pacto de sus padres y el santuario del Señor?

Ahora lee 1 Reyes 11:1-13; Esdras 9:2 y Nehemías 13:23-29. A medida que lees, observa las terribles consecuencias que el casarse con la hija de un dios ajeno, traería a la salud espiritual de un rey, sacerdote o cualquier otro israelita. Piensa acerca del primero de los diez mandamientos "No tendrás otros dioses antes que mi". ¿Por qué crees que Dios usa la palabra "deslealmente" en Malaquías 2?

Si nosotros no somos judíos y no tenemos un templo como Israel lo tenía en los días de Malaquías, ¿es posible que nosotros profanemos el santuario del Señor? Lee 1 Corintios 6:18-20; 2 Corintios 6:16 y 1 Tesalonicenses 1:9. ¿Qué espera Dios de nosotros?

CUARTO DÍA

Hoy, lee Malaquías 2:13-16 y marca las palabras clave que están en tu separador de libros.

¿Está Malaquías 2:13 refiriéndose a los sacerdotes o se refiere a todo Israel? ¿De qué los acusa Dios a ellos en este párrafo? ¿Cómo se relaciona con sus ofrendas?

En Malaquías 2:10-12, ¿quién estaba actuando "deslealmente" contra quién? En Malaquías 2:13-16, ¿quién estaba actuando "deslealmente" contra quién?

¿Cuál es el "pacto" mencionado en Malaquías 2:14? ¿Es el mismo mencionado anteriormente en el mismo capítulo?

Este pasaje contiene una de las mejores afirmaciones hechas en Malaquías: "Yo aborrezco el divorcio, dice el Señor". Otra vez es usada la palabra "deslealmente". Asegúrate de marcarla y piensa en la conducta que Dios describe como "desleal".

El matrimonio estaba establecido por Dios en Génesis 2:21-24. Estos versículos están citados por el Señor en Mateo y Marcos, ya que El respondió preguntas sobre el divorcio. Para entender qué está diciendo Malaquías sobre el matrimonio, lee Génesis 2:21-24; Mateo 5:31-32; 19:3-9; Marcos 10:2-9 y 1 Corintios 7:10-16. El diseño original de Dios para el matrimonio está revelado en estos pasajes. Piensa en el plan de Dios para el matrimonio, de acuerdo con estos versículos y luego mira qué es lo que Él piensa sobre el divorcio.

QUINTO DÍA

Ayer miramos lo que Dios tiene en su corazón sobre el matrimonio, leyendo algunas referencias cruzadas. Estos pasajes también nos dan razones de por qué el divorcio era de vez en cuando otorgado.* Dios dijo que aquel que se divorciaba, excepto por adulterio, estaba cometiendo adulterio. El adulterio estaba en contra de la ley. Lee Éxodo 20:14 y 17 y Levítico 20:10. Si el adulterio ya se había cometido, entonces el divorcio no era causa de adulterio.

Leíste Mateo 5:31-32 ayer. Hoy, lee Mateo 5:27-32 para ver el contexto de la pregunta sobre el divorcio. Dios aborrece el divorcio. ¿Qué es lo que Dios tiene en su corazón respecto al adulterio? Lee Romanos 13:8-10 y mira qué pensó Pablo sobre los cristianos y el adulterio.

SEXTO DÍA

Malaquías 2:17 es el último versículo del capítulo, pero algunos piensan que es la introducción para lo que sigue (recuerda que las divisiones por versículos y capítulos ¡no son inspiradas!). Lee y marca Malaquías 2:17, notando cuál es el tema al observar la palabra "dicen". En el capítulo 1, la gente cuestionaba el amor de Dios hacia ellos. ¿Qué es lo que ellos cuestionan ahora en Malaquías 2:17?

¿Es Dios el Dios de justicia? Lee Deuteronomio 32:4-5 para encontrar la respuesta.

Recuerda que quieres discernir el tema central o el título del capítulo 2 y registrarlo en la hoja del PANORAMA GENERAL DE MALAQUÍAS. A veces esto puede ser un reto, cuando un capítulo tiene muchas enseñanzas importantes como éste. Una manera de encontrar el tema central es buscar palabras clave que se repiten a través de todo el capítulo, no solo en un párrafo. Entonces podrás notar como cada párrafo relata algo sobre el tema central.

---

* Para un estudio más profundo sobre matrimonio y divorcio, el curso Cómo Tener Un Matrimonio Digno está disponible a través de la oficina de Ministerios Precepto en tu país, llamando al 1-800-763-8280 o en www.precept.org.

SÉPTIMO DÍA

 Guarda en tu corazón: Malaquías 2:16.
Lee y discute: Malaquías 2.

Preguntas para la Discusión o Estudio Iindividual

∞ ¿Qué estaban haciendo (o dejando de hacer) los sacerdotes, que causaron el que Dios los reprendiera? ¿Qué estaban supuestos a hacer?

∞ ¿Qué había prometido Dios que les sucedería a los sacerdotes al desobedecer sus mandamientos?

∞ ¿Cómo se relaciona con nosotros lo que Dios les dijo a los sacerdotes acerca de la instrucción y el convertir a muchos de la iniquidad? ¿Qué rol tenemos nosotros en el reino de Dios?

∞ ¿Por qué estaba Dios ofendido por Israel casándose con hijas de dioses ajenos? ¿Cómo se relaciona esto con nosotros como cristianos?

∞ ¿Cómo puedo alejarme de profanar "el santuario", de actuar deslealmente contra Él?

∞ ¿Qué deslealtad había cometido Israel en contra de sus esposas?

∞ ¿Cuál es la actitud de Dios hacia el divorcio? ¿Por qué?

∞ ¿Qué rol tiene el Espíritu de Dios en nuestra relación con nuestro cónyuge? ¿Qué espera Dios que hagamos?

- ¿Es el matrimonio un pacto? ¿Cómo ve Dios los pactos?

- ¿Por qué el divorcio está tan desenfrenado en nuestra sociedad? ¿Cuál es el efecto del divorcio en los hijos?

Pensamiento para la Semana

Un pacto es el más solemne acuerdo que obliga a quienes lo hagan, a ser mantenido hasta la muerte; el más serio compromiso que dos personas o partes pueden llegar a hacer. Dios es un Dios cumplidor de pactos. Cuando Él hace una promesa, Él mantiene Su palabra. Porque Él es completamente fiel, Él no puede mentir y no cambia Su manera de pensar como un hombre.

Dios también ve el matrimonio como un pacto. Su punto de vista es que un voto matrimonial es un acto solemne que obliga como cualquier otro pacto. Siendo así, Él aborrece el divorcio porque es una violación a ese pacto. Esto contraría su intención de que dos se convertirían en "una sola carne" y que lo que Él ha unido no debería ser separado.

Dios no aprueba el adulterio, mucho más que el divorcio. El adulterio está prohibido en la ley. Pero Dios nunca ordena el divorcio por adulterio; Él simplemente lo permite. Jesús explicó que el divorcio era otorgado por la dureza de los corazones.

¿Qué nos está diciendo Dios? Su palabra en los días de Malaquías no es diferente a Su palabra en nuestros días. Nada ha cambiado Su actitud hacia el divorcio ni hacia la actitud del hombre. Sin embargo, Dios siempre nos llama y dice "Regresa a Mí".

TERCERA SEMANA

La Bendición que Está por Venir

El Señor Jesucristo pronto retornará a la tierra. Cuando lo haga, Él traerá juicio. Pero Él también traerá bendición para aquellos que honran Su nombre. ¿Estará tu nombre en la lista entre aquellos que temen al Señor y honran Su nombre?

PRIMER DÍA

Malaquías 3:1-6 responde al cargo de Malaquías 2:17. Lee Malaquías 2:17 otra vez y luego Malaquías 3:1-6, marca las palabras clave que están en tu separador de libros. Haz una lista de las cosas que aprendes sobre "Mi mensajero". También incluye en la lista lo que el Señor de los ejércitos hará en el día de Su mensajero. ¿Quién será juzgado y por qué razón serán juzgados?

SEGUNDO DÍA

Lee Malaquías 3:7-12 y marca las palabras clave y las frases que están en tu separador de libros. Asegúrate de notar el tema en el versículo 7 y en los versículos 8-12 y observa cómo se relacionan. Lee Zacarías 1:3-6 y compáralo.

TERCER DÍA

Revisa Malaquías 1:6-14 y compáralo con Malaquías 3:8-12. ¿Qué estaba haciendo la gente que ofendía a Dios? Haz una lista de lo que Dios dice que hará si ellos regresan a Él y dejan de robarle.

Diezmar era parte de la ley. Lee Números 18:21-26, el mismo que muestra que Israel debía diezmar para sostener a los sacerdotes y que los sacerdotes también debían diezmar al Señor. Ninguno estaba exento. Lee también Nehemías 10:37-39. En esos días vino una gran restauración, en que la gente estaba obligada a obedecer los mandamientos de Dios en cuanto a diezmar.

El Nuevo Testamento también habla de ofrendar. Romanos 12:8 y 2 Corintios 9:7 se refieren a nuestra actitud hacia el ofrendar. También lee Filipenses 4:15-19 y 2 Corintios 8:1-15, donde Dios nos muestra que el ofrendar afecta no solo nuestra relación con Él, sino también nuestra relación con otros creyentes.

CUARTO DÍA

Hoy, lee Malaquías 3:13-18 y marca las palabras clave que están en tu separador de libros. Otra vez, cuidadosamente observa las veces que se repite la frase "dicen", ya que muestra de qué acusa Dios a la gente y qué habían dicho ellos en contra de Dios.

Compara Malaquías 3:18 con Malaquías 2:17. ¿Qué actitud parecía mostrar la gente en estos dos versículos?

¿Cómo difiere la gente de Malaquías 3:16-18 de aquellos en Malaquías 3:13-15? ¿Cómo los describe y qué les promete Dios? ¿Cómo recompensa Dios a aquellos que le temen y le sirven?

De acuerdo a Malaquías 3:17, ¿hay algún día especial en el que el Señor actuará a favor de Su gente? ¿Está relacionado con el día mencionado en Malaquías 3:2?

QUINTO DÍA

Malaquías 4 es una continuación del pensamiento que empezó en Malaquías 3:13. Lee Malaquías 4:1-6, marca las palabras clave que están en tu separador de libros.

¿Está "el día" en Malaquías 4 relacionado con "el día" en Malaquías 3:17?

Haz una lista de todas las cosas mencionadas en Malaquías 3:17- 4:6 que sucederán en "el día".

La palabra "bendiciones" no es usada en este pasaje, pero ¿habrá algunas cosas que pasarán en "el día" y que son bendiciones? Lee Malaquías 3:16 y 4:2 otra vez. ¿Quién recibe las bendiciones?

SEXTO DÍA

Lee Lucas 1:5-17 y Mateo 11:2-15 y 17:10-13. Compara estos versículos con Malaquías 4:5-6. ¿Está siendo cumplida la profecía de Malaquías 4:5-6?

Haz una lista de lo que aprendes de aquellos que temen al Señor. Lee también todo el libro de Malaquías otra vez y asegúrate de notar el comportamiento y la actitud de aquellos que no temen al Señor. Tal vez quieras hacer una breve lista de estas cosas, para recordarte lo que ha dicho Dios. Asegúrate de que entiendes sobre quién viene la bendición y qué necesitas hacer para abrir las ventanas de las bendiciones.

Finalmente, registra los temas de Malaquías 3 y 4 y el tema general del libro de Malaquías en la hoja del Panorama general de Malaquías.

SÉPTIMO DÍA

 Guarda en tu corazón: Malaquías 4:2.
Lee y discute: Malaquías 3-4.

Preguntas para la Discusión o Estudio Iindividual

- ¿Quién vendrá? ¿Cómo será "el día"?.

- De lo que has estudiado en Malaquías, ¿Por qué "el día" será duro para algunos?

- ¿Qué les pasa a aquellos que no temen a Dios?

- ¿Qué les pasa a aquellos que temen a Dios?

- ¿Qué has aprendido sobre la obediencia y la bendición?

- ¿Te ha hablado Dios sobre las áreas de tu vida en las que no estás caminando en obediencia?

- ¿Cómo nos afecta el ejemplo de Israel? ¿Qué lección podemos tomar para nosotros mismos de la manera en que Dios trató con Israel?

- ¿Por qué debemos recordar la ley de Moisés si ya no estamos bajo la ley?

- ¿Cómo se relaciona el mensajero de Malaquías 3:1 con Elías en Malaquías 4:5?

Pensamiento para la Semana

Dios, habiendo hablado hace mucho tiempo, en muchas ocasiones y de muchas maneras a los padres por los profetas, en estos últimos días nos ha hablado por Su Hijo, a quien constituyó heredero de todas las cosas, por medio de quien hizo también el universo. (Hebreos 1:1-2).

Malaquías fue el último profeta en el Antiguo Testamento. Después de él vinieron 400 años de silencio. Luego Dios habló nuevamente en Su Hijo, Jesús, a través de Su vida, a través de Su muerte, a través de Su resurrección y a través de las palabras de las Escrituras. Hoy en día, si oyen Su voz, no endurezcan sus corazones como Israel lo hizo en el desierto. Asegúrate que la Palabra predicada a ti, sea aceptada en fe. Deja que eche raíces profundas en tu alma para que puedas ser obediente a ella. No dejes que se diga que dudas del amor de Dios hacia ti o que le robas en el diezmo y las ofrendas, que tú descuidas el rebaño por no enseñar la verdad, o que fallas en reconocer el valor de servir a Dios.

En aquellos que temen el nombre de Dios, el sol de la justicia se levantará con la purificación en sus alas. Deja que Él abra las ventanas de las bendiciones sobre ti, porque lo amas y le temes, porque obedeces Sus mandamientos para demostrar tu amor y temor. Ama al Señor tu Dios con todo tu corazón y con toda tu alma y con todas tus fuerzas y con toda tu mente y ama a tu prójimo como a ti mismo.

Panorama General de Malaquías

Tema de Malaquías:

	División por Secciones	Tema de los Párrafos	Temas de los Capítulos
Autor:	1		
Trasfondo Histórico:			
Propósito:	2		
Palabras Clave:	3		
	4		

Notas

Hageo
1. RV60 *meditad;*
   NVI *Reflexionen*
2. NVI *ánimo*

Zacarías
1. RV60 *vino palabra de Jehová*
2. RV60 *Jehová de los ejércitos;*
   NVI *Señor Todopoderoso*
3. RV60 *Ángel de Jehová*
4. RV60 *Aún*
5. NVI *Mi templo*
6. RV60, NVI *Yo fortaleceré*
7. RV60 *Profecía de la palabra de Jehová acerca de Israel;*
8. NVI *Esta profecía es la palabra del Señor con respecto a Israel.*
9. RV60 *Santidad a Jehová;*
   NVI *Consagrado al Señor*

Malaquías
1. RV60 *Jehová de los ejércitos;*
   NVI *Señor Todopoderoso*
2. RV60 *y dijisteis;*
   NVI *replican ustedes*
3. NVI *respeto*
4. RV60 *temiera;*
   NVI *temor*
5. RV60 *temor;*
   NVI *reverencia*
6. NVI *traicionarnos*
7. RV60 *decís;*
   NVI *preguntan*

Acerca De Ministerios Precepto Internacional

Ministerios Precepto Internacional fue levantado por Dios para el solo propósito de establecer a las personas en la Palabra de Dios para producir reverencia a Él. Sirve como un brazo de la iglesia sin ser parte de una denominación. Dios ha permitido a Precepto alcanzar más allá de las líneas denominacionales sin comprometer las verdades de Su Palabra inerrante. Nosotros creemos que cada palabra de la Biblia fue inspirada y dada al hombre como todo lo que necesita para alcanzar la madurez y estar completamente equipado para toda buena obra de la vida. Este ministerio no busca imponer sus doctrinas en los demás, sino dirigir a las personas al Maestro mismo, Quien guía y lidera mediante Su Espíritu a la verdad a través de un estudio sistemático de Su Palabra. El ministerio produce una variedad de estudios bíblicos e imparte conferencias y Talleres Intensivos de entrenamiento diseñados para establecer a los asistentes en la Palabra a través del Estudio Bíblico Inductivo.

Jack Arthur y su esposa, Kay, fundaron Ministerios Precepto en 1970. Kay y el equipo de escritores del ministerio producen estudios **Precepto sobre Precepto,** Estudios **In & Out**, estudios de la **serie Señor**, estudios de la **Nueva serie de Estudio Inductivo**, estudios **40 Minutos** y **Estudio Inductivo de la Biblia Descubre por ti mismo para niños.** A partir de años de estudio diligente y experiencia enseñando, Kay y el equipo han desarrollado estos cursos inductivos únicos que son utilizados en cerca de 185 países en 70 idiomas.

Movilizando

Estamos movilizando un grupo de creyentes que "manejan bien la Palabra de Dios" y quieren utilizar sus dones espirituales y talentos para alcanzar 10 millones más de personas con el estudio bíblico inductivo.

Si compartes nuestra pasión por establecer a las personas en la Palabra de Dios, te invitamos a leer más. Visita **www.precept.org/Mobilize** para más información detallada.

Respondiendo Al Llamado

Ahora que has estudiado y considerado en oración las escrituras, ¿hay algo nuevo que debas creer o hacer, o te movió a hacer algún cambio en tu vida? Es una de las muchas cosas maravillosas y sobrenaturales que resultan de estar en Su Palabra – Dios nos habla.

En Ministerios Precepto Internacional, creemos que hemos escuchado a Dios hablar acerca de nuestro rol en la Gran Comisión. Él nos ha dicho en Su Palabra que hagamos discípulos enseñando a las personas cómo estudiar Su Palabra. Planeamos alcanzar 10 millones más de personas con el Estudio Bíblico Inductivo.

Si compartes nuestra pasión por establecer a las personas en la Palabra de Dios, ¡te invitamos a que te unas a nosotros! ¿Considerarías en oración aportar mensualmente al ministerio? Si ofrendas en línea en **www.precept.org/ATC**, ahorramos gastos administrativos para que tus dólares alcancen a más gente. Si aportas mensualmente como una ofrenda mensual, menos dólares van a gastos administrativos y más van al ministerio.
Por favor ora acerca de cómo el Señor te podría guiar a responder el llamado.

COMPRA CON PROPÓSITO
Cuando compras libros, estudios, audio y video, por favor cómpralos de Ministerios Precepto a través de nuestra tienda en línea (**http://store.precept.org/**) o en la oficina de Precepto en tu país. Sabemos que podrías encontrar algunos de estos materiales a menor precio en tiendas con fines de lucro, pero cuando compras a través de nosotros, las ganancias apoyan el trabajo que hacemos:

• Desarrollar más estudios bíblicos inductivos
• Traducir más estudios en otros idiomas
• Apoyar los esfuerzos en 185 países
• Alcanzar millones diariamente a través de la radio y televisión
• Entrenar pastores y líderes de estudios bíblicos alrededor del mundo
• Desarrollar estudios inductivos para niños para comenzar su viaje con Dios
• Equipar a las personas de todas las edades con las habilidades es estudio bíblico que transforma vidas

Cuando compras en Precepto, ¡ayudas a establecer a las personas en la Palabra de Dios!

www.ingramcontent.com/pod-product-compliance
Lightning Source LLC
Chambersburg PA
CBHW071300040426
42444CB00009B/1795